Simscript

Gerald Kampe

Gerald Kampe

Simscript

Mit 58 Bildern

Friedr. Vieweg + Sohn · Braunschweig

Verlagsredaktion: *Alfred Schubert*

ISBN-13: 978-3-528-03802-1   e-ISBN-13: 978-3-322-83891-9
DOI: 10.1007/978-3-322-83891-9

1971

Umschlaggestaltung: Peter Morys, Wolfenbüttel

V O R W O R T

Zur Klassifizierung von Programmiersprachen war bisher die Einteilung in
"Maschinensprachen" und "problemorientierte Programmiersprachen" (ALGOL,
FORTRAN etc.) üblich; in neuerer Zeit treten als dritte Entwicklungsstufe die
"speziellen problemorientierten Programmiersprachen" hinzu. Sie dienen zur
einfachen Programmierung von Problemen z.B. bei der Maschinensteuerung, bei der
Schaltkreisentwicklung oder bei der Simulation. Für den letztgenannten Anwendungs-
fall wurden "Simulationssprachen" entwickelt, die eine Nachbildung der Wirklichkeit auf einer Rechenanlage ermöglichen (z.B. die Abfertigung von Passagieren
und Flugzeugen in einem Flughafen, die Bearbeitung von Werkstücken in einer
Maschinenhalle). Mit Hilfe einer Simulation können auf einfache und zeitsparende
Weise wichtige Parameter eines "Modells" untersucht werden, deren Veränderungen
in einem tatsächlich bestehenden System kostspielig und vielleicht sogar
undurchführbar wären.

In den ersten beiden Abschnitten dieses Bandes werden einige grundsätzliche
Gesichtspunkte zur Methode der Simulation und zu den heutigen Simulationssprachen
erläutert. Die übrigen Abschnitte behandeln ausführlich die Eigenschaften der
Simulationssprache SIMSCRIPT (Simulation Scripture). Die hierbei gemachten

Angaben stützen sich im Wesentlichen auf ein in englischer Sprache vorliegendes
Manual der CONTROL DATA CORPORATION sowie auf Erfahrungen, die am Regionalen
Rechenzentrum der Universität Stuttgart (Rechenanlage CDC 6600) bei der Anwendung von SIMSCRIPT gewonnen werden konnten. Gegebenenfalls ist beim Programmieren in SIMSCRIPT auf einer a n d e r e n Rechenanlage bei gewissen Einzelheiten, wie z.B. bei der maximal zulässigen Länge eines Variablennamens oder bei
den zur Verfügung stehenden Bibliotheks-Unterprogrammen, das Handbuch der
betreffenden Rechenanlage zu beachten. Die grundlegenden Elemente von SIMSCRIPT
sind jedoch für alle Rechenanlagen gleich.

Eine Zusammenfassung der Eigenschaften von SIMSCRIPT befindet sich auf Seite 23-1.

Herrn Prof.Dr.-Ing.A.Lotze danke ich herzlich für die großzügige Unter-
stützung dieser Arbeit; Herr Dr.-Ing.Herzog und Herr Langenbach-Belz haben
das Entstehen dieser Arbeit kritisch gefördert; ein besonderer Dank gilt
Frau Ellner für die Durchsicht des Manuskripts und Herrn Ruhs, der mit seinen
Kenntnissen über die Rechenanlage CDC 6600 hilfreich war.
Dem Vieweg-Verlag danke ich für die gute Zusammenarbeit bei der Vorbereitung
dieser Ausgabe.

Stuttgart im Januar 1971   Gerald Kampe

INHALTSVERZEICHNIS

(Abkürzungen siehe Seite 2-1)

 Inhaltsverzeichnis

 Inhaltsverzeichnis

A   ZUR METHODE DER SIMULATION

I.   Einleitung

Seit etwa 20 Jahren ist es üblich, Vorgänge in einem System mit Hilfe der Simulation auf einem Digitalrechner zu untersuchen. Dabei kann "System" einen Bereich der Wirtschaft, des Handels, der Soziologie, Psychologie, Politik, Technik etc. bedeuten, der entweder neu entworfen wird oder aus einem bestehenden Zustand entwickelt werden soll. Der Systemplaner steht in einem solchen Fall meist vor der Aufgabe, aus mehreren Alternativen diejenige herauszufinden, welche am besten den gestellten Forderungen gerecht wird. BILD I-1 zeigt die Möglichkeiten, die zur Lösung einer derartigen Aufgabe zur Verfügung stehen:

(a) EXPERIMENTE

am bestehenden System

(c) SIMULATION

mit einem Modell (materiell oder mathematisch)

(b) ANALYTISCHE BERECHNUNGEN

(exakt oder näherungsweise)

BILD I-1 : Möglichkeiten zur Systemplanung

(a) - Versuche an einem wirklichen, "in Lebensgröße" bestehenden System haben den großen Nachteil, daß sie viel Zeit und einen beträchtlichen Kostenaufwand erfordern; oft sind sie sogar undurchführbar, weil ein zu großes Risiko damit verbunden wäre, z.B. bei der Lösung von Problemen der Weltraumfahrt.

(b) - <u>analytische Berechnungen</u> setzen voraus, daß der Zustand des zu untersuchenden Systems sowie die auftretenden Zustandsänderungen durch mathematische Variable erfaßt und mit Hilfe von Gleichungssystemen bestimmt werden können. Oft ist ein System jedoch so umfangreich, daß eine exakte Berechnung der unbekannten Größen mit den heute zur Verfügung stehenden Rechenanlagen nicht möglich ist. Manchmal hilft in diesen Fällen die Zerlegung des Systems in Teilsysteme oder die Ermittlung von Näherungslösungen, deren Genauigkeit durch die Simulation - Verfahren (c) - nachgeprüft werden kann.

(c) - <u>Simulation</u> , d.h. Nachbildung des dynamischen Verhaltens eines Systems (nach /63/), ist eine relativ billige und bequeme Methode, um verschiedene Varianten eines Entwurfs "durchzuspielen". Dabei kann die Nachbildung des betrachteten Systems durch ein verkleinertes <u>materielles Modell</u> (z.B. durch eine Tragflügelkonstruktion für Untersuchungen im Windkanal) oder durch ein <u>mathematisches Modell</u> erfolgen, welches für die Programmierung auf einer Rechenanlage geeignet ist. Den letztgenannten Weg wollen wir im folgenden näher betrachten, da er immer mehr an Bedeutung gewinnt und bei verhältnismäßig geringem Zeitaufwand eine vielseitige Untersuchung des Systems gestattet.

Der erste Schritt bei Anwendung der Simulation besteht darin, durch Vereinfachung aus dem wirklichen System ein Simulationsmodell zu entwickeln. An diesem Modell werden dann mit Methoden der Statisik Messungen vorgenommen, wobei der Einfluß der maßgeblichen Parameter von Interesse ist. Ein typisches Simulationsmodell wird auf Seite IV-1 vorgestellt.

II.   Festlegung des Simulationsmodells

II.1. Nachbildung der Struktur des Systems

Bevor wir mit der Simulation beginnen, müssen wir das zu untersuchende System zunächst im Hinblick auf seine Struktur und seine Einflußgrößen gründlich analysieren . Dabei ist zu überlegen, aus welchen Elementen das System besteht, ob die Elemente sich in Gruppen zusammenfassen lassen und durch welche Eigenschaften die Elemente gekennzeichnet sind (BILD II-1) .

SYSTEM	ELEMENTE	GRUPPEN	EIGENSCHAFTEN
Supermarkt	Kunde	kaufender Kunde zahlender Kunde	Geschlecht,Alter,Wohnort
	Ware	Obst Teigwaren	Preisklasse,Lagerfähigkeit
	etc.		
Straßenverkehr	Auto	stehendes Auto fahrendes Auto	Farbe,max. Geschwindigkeit, momentane Anzahl d.Insassen
	etc.		

BILD II-1 : Beispiel für die Gliederung von Systemen

In den meisten Fällen erfordert die Umwandlung des Systems in das Modell eine Vereinfachung der tatsächlichen Verhältnisse (vgl. BILD II-2) , um den Aufwand für das Simulationsprogramm in realen Grenzen zu halten. Allerdings soll das Modell noch so "wirklichkeitstreu" sein, daß die vorgenommenen Vereinfachungen auf die Ergebnisse der Simulation keinen wesentlichen Einfluß haben. Oft ist ein Kompromiß zwischen einem "einfachen Modell" und einem "exakten Abbild der Wirklichkeit" einzugehen.

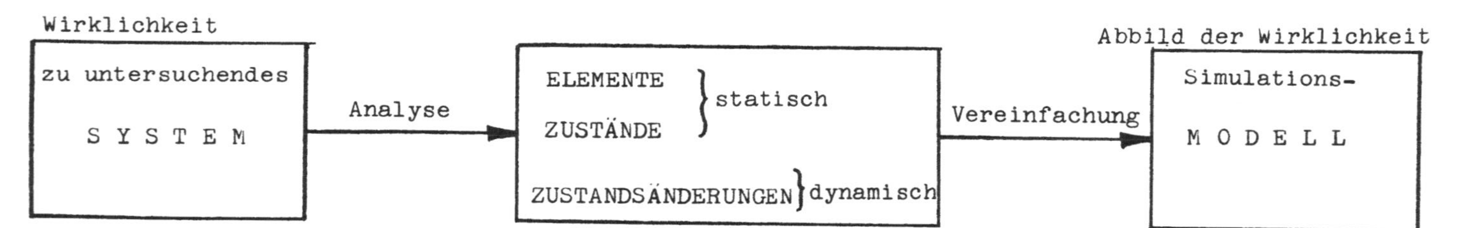

<u>BILD</u> II-2 : **Vorbereitung der Simulation**

Zur vollständigen Beschreibung eines Systems genügt es freilich nicht, nur die <u>statische</u> Struktur (d.h. eine Anzahl von Zuständen) festzulegen, vielmehr sind vor allem auch die <u>dynamischen</u> Eigenschaften nachzubilden (d.h. Zustandsänderungen). Eine Zustandsänderung kann über der Zeit <u>kontinuierlich</u> ablaufen (z.B. das Beladen eines Lkw aus einem Silo) oder in <u>diskreten</u> Zeitpunkten stattfinden (z.B. das Beladen eines Lkw mit einer Container-Kiste).

Oft lassen sich kontinuierliche Vorgänge aus der Wirklichkeit ersetzen durch diskrete Zustandsänderungen (sog. <u>Ereignisse</u>) im Modell. Falls bei einer Simulation z.B. nur von Interesse ist, daß ein LKW (Zustand:leer) zum Zeitpunkt t_1 am Silo ankommt und daß dieser LKW (Zustand:voll) nach der

Ladezeit t_{Lade} den Silo im Zeitpunkt t_2 verläßt, so genügt es, das Beladen in der Simulation im Zeitpunkt t_2, welcher gegenüber dem Ankunftszeitpunkt t_1 um die Ladezeit t_{Lade} verzögert ist, "schlagartig" vonstatten gehen zu lassen (vgl. BILD II-3) .

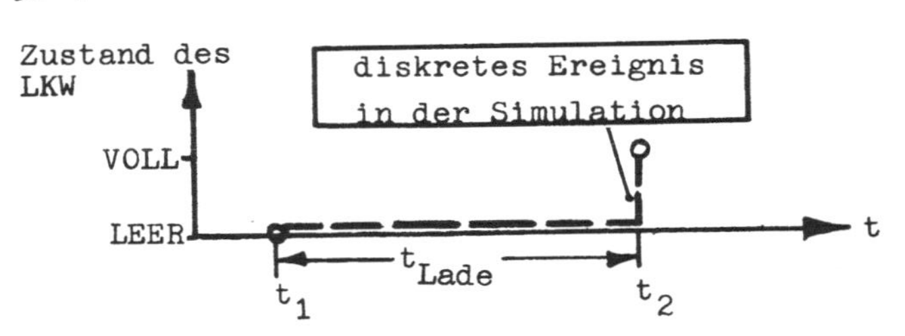

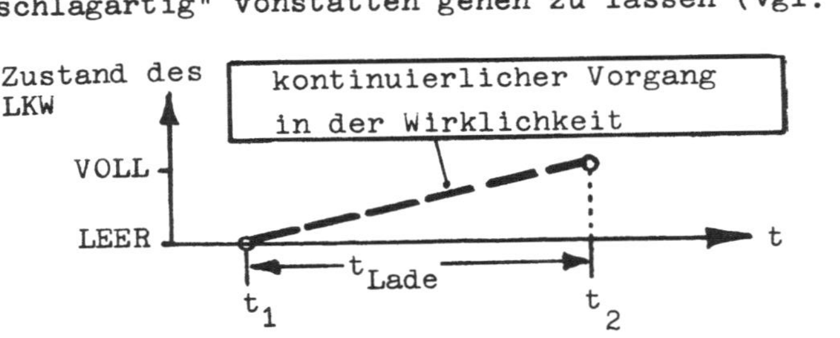

<u>**BILD**</u> **II-3 : Ladevorgang bei einem LKW**

Falls die <u>zeitliche Folge</u> der Zustandänderungen nicht deterministisch festliegt, so wird der zeitliche Abstand zwischen zwei Zustandsänderungen nach Methoden der Wahrscheinlichkeitstheorie als

"Näherung" vorgegeben (Beispiel: der Abstand zwischen zwei Gesprächsanforderungen an einer Fernsprechvermittlung ist nicht konstant, sondern zufällig; durch Messungen können wir zeigen, daß die tatsächlichen Anrufabstände durch eine "negativ exponentielle Verteilung" (vgl. S.II-4) sehr gut angenähert werden).Zur mathematischen Formulierung einer derartigen Näherung wird meistens die Wahrscheinlichkeitsverteilung $F(>t)$ vorgegeben. Allgemein bedeutet $F(>t) = 1 - \int_{o}^{\tau} f(t)dt$ die Wahrscheinlichkeit, daß ein Zeitabschnitt länger als t ist. $f(t)$ ist die Wahrscheinlichkeits-dichte-Funktion der Variablen t . Einige gebräuchliche Wahrscheinlichkeitsverteilungen (kurz "Verteilungen") sind im nächsten Abschnitt aufgezählt.

II.2. Verteilungen und ihre Realisierung bei der Simulation

(a) - Verteilungen (vgl. auch /13,87;88,89/)

(a-1) - Negativ exponentielle Verteilung : gekennzeichnet durch die

Wahrscheinlichkeitsdichte-Funktion $\qquad$ $f(t)=\lambda \cdot e^{-\lambda t}$ $\qquad$ $(t \geq 0)$

bzw. die Wahrscheinlichkeitsverteilung $\quad F(>t)= e^{-\lambda t}$

λ ist die Anzahl der im Mittel je Zeiteinheit auftretenden Ereignisse.

(a-2) - POISSON-Verteilung : gekennzeichnet durch die

Wahrscheinlichkeit $\qquad P(n)=\frac{(\lambda t)^n}{n!}e^{-\lambda t}$, daß im Zeitintervall $\underline{t}$ genau $\underline{n}$ Ereignisse stattfinden. Im Gegensatz zu allen anderen in diesem Abschnitt erwähnten (kontinuierlichen) Verteilungn handelt es sich bei der POISSON-Verteilung um eine diskrete Verteilung.
Bemerkung: Man kann zeigen (siehe /38/), daß bei negativ exponentiell verteilten Zeitspannen zwischen jeweils zwei aufeinanderfolgenden Ereignissen die Wahrscheinlichkeit für
"$\underline{n}$ Ereignisse in einem beliebigen Zeitintervall der Länge $\underline{t}$ " durch die POISSON-Verteilung beschrieben wird.

(a-3) - ERLANG-k-Verteilung : gekennzeichnet durch die

Wahrscheinlichkeitsdichte-Funktion $\qquad f(t)=(k\lambda)^k \left[\frac{e^{-k\lambda t}}{(k-1)!}\right] t^{k-1}$

bzw. die Wahrscheinlichkeitsverteilung $\qquad F(>t) = e^{-k\lambda t} \sum_{n=0}^{k-1} \frac{(k\lambda t)^n}{n!}$

λ bedeutet die Anzahl der im Mittel je Zeiteinheit auftretenden Ereignisse.
k ist eine ganze Zahl größer als Null. Für k=1 ergibt sich als Sonderfall die negativ exponentielle Verteilung gemäß (a-1) . Bei k→∞ erhalten wir die Wahrscheinlichkeitsverteilung für konstante Zeitspannen zwischen jeweils zwei aufeinanderfolgenden Ereignissen.

(a-4) - Normalverteilung (auch GAUSS-Verteilung) : gekennzeichnet durch die

Wahrscheinlichkeitsdichte-Funktion $\qquad f(t) = \frac{1}{\sqrt{2\pi}} e^{-\sqrt{t}}$

wo $t = (x - \mu) \cdot \sigma$; d.h. die Normalverteilung ist vollständig beschrieben durch den Mittelwert μ und die Standardabweichung σ der Variablen x .

Vor der Wahl einer Verteilung müssen wir durch Messungen an einem vergleichbaren System in der Wirklichkeit untersuchen, inwieweit eine bestimmte Verteilung für die Nachbildung einer tatsächlichen Zeitenfolge geeignet ist. Zur Beurteilung stehen uns Methoden der Statistik zur Verfügung, z.B. der χ^2-Test oder die Bestimmung des Variationskoeffizienten / 13 / .

(b) - Realisierung von Verteilungen durch Zufallszahlen

Das Wort "Zufallszahl" deutet an, daß eine Zahl zufallsmäßig aus einer endlichen oder unendlichen Menge von Zahlen ausgesucht wird. Reiht man diese zufällig ausgesuchten Zahlen aneinander, so erhält man sogenannte Zufallszahlenfolgen. Es gibt nun verschiedene Verfahren, solche Folgen von Zufallszahlen herzustellen. Als Möglichkeiten seien genannt:

(b-1) - Physikalisches Verfahren : hierbei werden z.B. die zufälligen Amplitudenschwankungen des Rauschens einer Elektronenröhre verwendet, um Zufallszahlen zu ermitteln. In /95/ ist z.B.

eine Folge von 1 Million (!) Ziffern zwischen 0 und 1 tabellarisch abgedruckt. Da die Speicherung einer derartigen Tabelle in einer Rechenanlage sehr speicherintensiv ist, wurden spezielle Programme für Rechner entwickelt, die mit weniger Aufwand Zufallszahlenfolgen selbst erzeugen.

(b-2) - <u>Rechenverfahren</u> : hierbei werden mit einem speziellen Programm Zufallszahlen <u>errechnet</u>.Diese Zahlen heißen "Pseudozufallszahlen", da die Zahlenfolge nach einer Rechenvorschrift erzeugt wird. Ausgehend von einer vorzugebenden Anfangszahl z_0 wird die nachfolgende Pseudozufallszahl z_1 ermittelt. Allgemein ergibt sich z_{i+1} aus z_i entsprechend dem folgenden Verfahren /13/ :

1) Es sei y_i eine ganze Zahl mit maximal n Stellen.
2) Es wird

$$y_{i+1} = (f \cdot y_i + s) \quad \mathrm{mod}\ P \tag{1}$$

ermittelt, wo $\underline{f}, \underline{s}$ und $\underline{P}$ vorgebbar sind. f und s sind ganze Zahlen; P ist meist eine Potenz des verwendeten Zahlensystems, d.h. im Dezimalsystem hat P die Form 10^n .

y_{i+1} ist also eine ganze Zahl mit maximal n Stellen ("mod P" bewirkt, daß y_{i+1} errechnet wird als Rest nach einer Division durch P, d.h. $0 \leq y_{i+1} < P$.)

3) Durch anschließende Division y_{i+1} / P ergibt sich bei $P = 10^n$ die Zufallszahl z_{i+1} als n-stelliger Dezimalbruch zwischen 0 und 1 .

4) In Glg. (1) wird auf der rechten Seite y_i durch y_{i+1} ersetzt und auf der linken Seite statt y_{i+1} die Größe y_{i+2} geschrieben. Aus y_{i+2} ergibt sich dann gemäß 3). in entsprechender Weise die nächste Zufallszahl z_{i+2} .

Das Verfahren nach Glg. (1) ist in der Literatur unter dem Namen "gemischtes Verfahren" bekannt. Sonderfälle sind f=1 (additives Verfahren) bzw. s=0 (multiplikatives Verfahren). Untersuchungen aus neuerer Zeit lassen vermuten, daß die multiplikative Methode vorzuziehen ist, da sie bessere statistische Ergebnisse liefert als die additive Methode und da sie von der gemischten Methode nicht wesentlich übertroffen wird. Nähere Einzelheiten über Zufallszahlen finden sich in /90/.

In den Fällen, wo keine Gleichverteilung von Zahlen gewünscht ist, sondern eine Zahlenfolge mit irgendeiner anderen vorgebbaren Verteilung , lassen sich die Zahlen dieser Folge erzeugen, indem wir eine Umrechnung der gleichverteilten Zahlen vornehmen. Das Verfahren sei am Beispiel der negativ exponentiellen Verteilung erläutert, wo $F(>t)=e^{-\lambda t}$ gilt (siehe Seite II-4). Die uns zur Verfügung stehenden g l e i c h v e r t e i l t e n Pseudozufallszahlen zwischen 0 und 1 haben die Wahrscheinlichkeitsverteilung $F(>z)=1-z$. Zur Umrechnung setzen wir $F(>t)=F(>z)$ und erhalten $t=g(z)=-\frac{1}{\lambda}\ln(1-z)$. Weil jedoch $\underline{z}$ zwischen 0 und 1 gleichverteilt ist, gilt die Gleichverteilung sowohl für $\underline{z}$ als auch für (1-z). Daher dürfen wir schreiben: $t=-\frac{1}{\lambda}\ln z$
In entsprechender Weise können wir auch jede andere Verteilung $F(>t)$ aus einer gleichverteilten Zahlenfolge herstellen, wobei sich die Transformation jedoch oft nicht analytisch anschreiben läßt.

Der Benutzer einer Rechenanlage kann im allgemeinen über ein in der Rechenanlage bereits vorhandenes Programm verfügen, das eine ausgetestete gleichverteilte Zufallszahlenfolge errechnet. Meist ist es also nicht notwendig, gemäß Glg. (1) ein eigenes Programm zur Erzeugung einer Zufallszahlenfolge zu schreiben.

III. Die statistische Auswertung der Simulation

Im Verlauf der Simulation werden an dem Modell, dessen Aufbau und Zeitverhalten gemäß den in Abschnitt II aufgezeigten Gesichtspunkte festzulegen sind, verschiedene Größen "gemessen". Grundsätzlich sind zwei verschiedene Verhaltensweisen der Meßgröße über der Zeit denkbar:

(a) - ein stark zeitabhängiger Vorgang läuft ab. In diesem Fall setzen die Messungen oft gleich zu Beginn der Simulation ein.

(b) - ein "eingeschwungener Zustand" ("stationärer Zustand", vgl. /13/) wird untersucht. Während der Einschwingphase (im sogenannten Vorlauf) werden keine Messungen am Modell durchgeführt. Die Messungen sezten erst ein, wenn der eingeschwungene Zustand des Modells erreicht ist.

Da wir uns nicht nur für die Ergebnisse der Messungen interessieren, sondern auch eine Aussage darüber machen wollen, wie vertrauenswürdig diese Ergebnisse sind, verwenden wir eine bekannte Methode der Statistik: Der Simulationslauf wird in Teiltests aufgeteilt (BILD II-2). Für jeden Teiltest i erhalten wir ein Teiltestergebnis M_i der Meßgröße M , wobei die einzelnen M_i voneinander abweichen können. Dies rührt daher, daß wir für die Nachbildung von Zufallsereignissen eine Zufallszahlenfolge verwenden. Deshalb tritt in jedem Teiltest eine andere Folge von Pseudozufallszahlen auf. Am Ende der Teiltestserie wird der Mittelwert $\overline{M}$ aller Teiltestergebnisse M_i ermittelt. Nach statistischen Verfahren wird festgestellt, wie groß aufgrund der "zufälligen" Abweichungen der M_i vom Mittelwert $\overline{M}$ die Aussagesicherheit dieses Ergebnisses $\overline{M}$ ist (vgl. /91/) . Die Länge eines Simulationslaufe hängt somit davon ab, wie genau die Ergebnisse sein sollen, da - wie bei Messungen in der

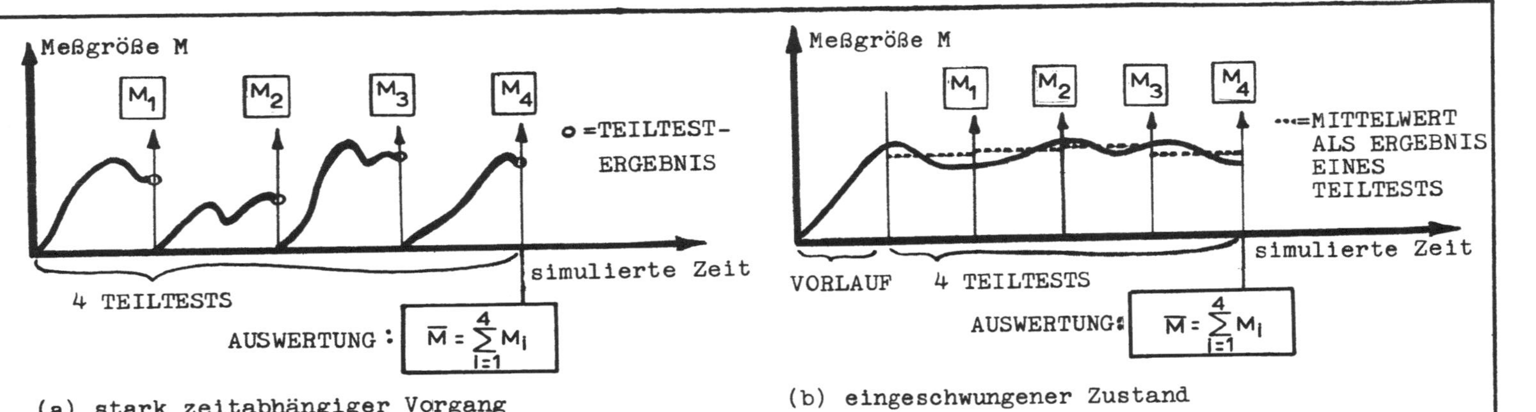

(a) stark zeitabhängiger Vorgang

(b) eingeschwungener Zustand

<u>**BILD**</u> **III-2 : Zur Auswertung der Simulation**

Wirklichkeit – erst eine große Stichprobenzahl ein statistisch sicheres Ergebnis liefert. Der Zeit-bedarf für einen Simulationslauf hängt selbstverständlich von der Rechengeschwindigkeit der zur Verfügung stehenden Rechenanlage ab.

An die oben beschriebene Teiltestserie können sich weitere Teiltestserien mit veränderten Parameter-werten anschließen.

Vor dem eigentlichen "Nutzlauf" sollte ein Simulationsprogramm auf jeden Fall mit Daten für einen einfachen Sonderfall getestet werden, wobei eine Überprüfung der Ergebnisse analytisch oder durch schrittweises Nachvollziehen der Simulation "von Hand" erfolgt. Eine weitere Kontrollmöglichkeit besteht darin, die Parameter so zu wählen, daß ein bereits bekanntes Modell entsteht, sodaß die Ergebnisse verglichen werden können.

IV. Eine typische Struktur

Bei vielen Simulationen treten Modelle auf, die ein sogenanntes "Wartesystem" darstellen. BILD IV-1 zeigt ein Beispiel : vor $\underline{n}$ Bedienungseinheiten können $\underline{s}$ Warteplätze belegt werden Zur Beschreibung

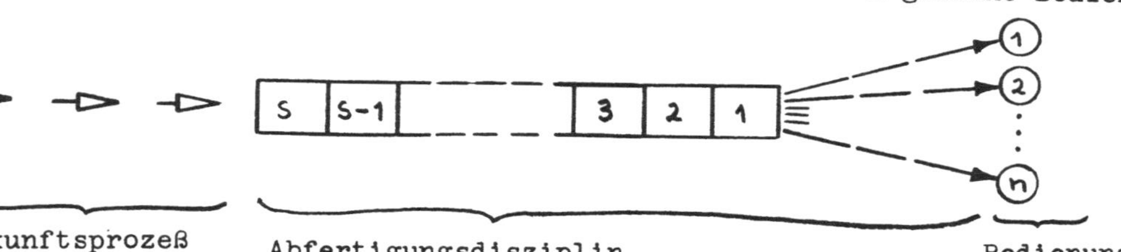

BILD IV-1 : **Ein Wartesystem**

dieses Wartesystems sind 3 Angaben wesentlich :

(a) - <u>der Ankunftsprozeß</u> charakterisiert die statistischen Eigenschaften der Zeitspanne $\underline{a}$

zwischen zwei Ankunftsereignissen. Die kennzeichnenden Größen sind:

1) der Typ der Verteilung der Ankunftsabstände $\underline{a}$ (vgl. S.II-4).

2) sämtliche Parameter, die zur eindeutigen Festlegung der Verteilung notwendig sind. Bei negativ exponentieller Verteilung z.B. ist dies der mittlere Ankunftsabstand a_m oder die "Ankunftsrate" $\lambda = \dfrac{1}{a_m}$.

(b) - <u>der Bedienungsprozeß</u> beschreibt , in welcher Zeit $\underline{b}$ (Bedienungszeit) jeweils eine Anforderung von einer Bedienungseinheit abgefertigt wird (eine eventuelle Wartezeit ist in $\underline{b}$ nicht enthalten) . Für $\underline{b}$ gilt das in (a) zur Zeitspanne $\underline{a}$ Genannte entsprechend. Z.B. sind bei einer negativ exponentiellen Verteilung als Parameter die mittlere Bedienungszeit b_m oder die "Bedienungsrate" $\mu = \frac{1}{b_m}$ anzugeben.

(c) - <u>die Abfertigungsdisziplin</u> : hierunter verstehen wir das Verfahren, nach dem eine wartende Anforderung abgefertigt wird. Aus der Vielzahl von denkbaren Verfahren seien nur 3 häufig auftretende Fälle erwähnt:

(c-1) - <u>geordnet nach der Ankunftsreihenfolge</u> : nach dem Freiwerden einer Bedienungseinheit wird als nächste diejenige wartende Anforderung bedient, die am längsten gewartet hat. Als Beispiel können wir uns die Autos vor der Zapfsäule einer Tankstelle vorstellen.

(c-2) - <u>invers nach der Ankunftsreihenfolge</u> : als nächste wird diejenige wartende Anforderung bedient, welche die kürzeste Zeit gewartet hat; diese Abfertigungsdisziplin ist von Bedeutung z.B. bei der Auswertung von Meßdaten, wenn der zuletzt angekommene Wert wichtiger ist als ein vorher eingetroffener Meßwert.

(c-3) - <u>zufällig</u> : ohne Rücksicht auf den Ankunftszeitpunkt wird eine der wartenden Anforderungen "zufällig" ausgewählt, um als nächste bedient zu werden.

Übliche <u>Fragestellungen</u> bei der Simulation eines Modells, wie es in BILD IV-1 gezeigt ist, lauten: Wie lange muß eine Anforderung im Mittel warten, bis sie eine freie Bedienungseinheit erhält? Wie groß ist die Wahrscheinlichkeit, daß eine ankommende Anforderung überhaupt warten muß? Mit welcher Wahrscheinlichkeit erhält eine ankommende Anforderung weder eine freie Bedienungseinheit noch einen freien Warteplatz? etc.

Sobald das Modell und die interessierenden Größen festgelegt sind, kann die Programmierung der Simulation beginnen. Die Erstellung des Simulationsprogramms wird wesentlich erleichtert, wenn wir zunächst ein <u>Flußdiagramm</u> zeichnen. In dieser graphischen Darstellung sind alle wichtigen Entscheidungspunkte im logischen Ablauf der Simulation miteinander verknüpft. BILD IV-3 zeigt einen vereinfachten Ausschnitt aus dem Flußdiagramm zu dem in BILD IV-1 beschriebenen Modell, und zwar das Abfrageverfahren bei der Ankunft einer neuen Anforderung, die entweder eine <u>Bedienungseinheit</u> oder einen <u>Warteplatz</u> belegt oder <u>abgewiesen</u> wird. - Ein Flußdiagramm dient jedoch nicht nur dem Programmierer selbst als Hilfsmittel zum Entwurf des Simulationsprogramms, sondern es erleichtert vor allem - unabhängig von der zur Programmierung gewählten Programmiersprache - einem Außenstehenden den Einblick in den Ablauf der Simulation.

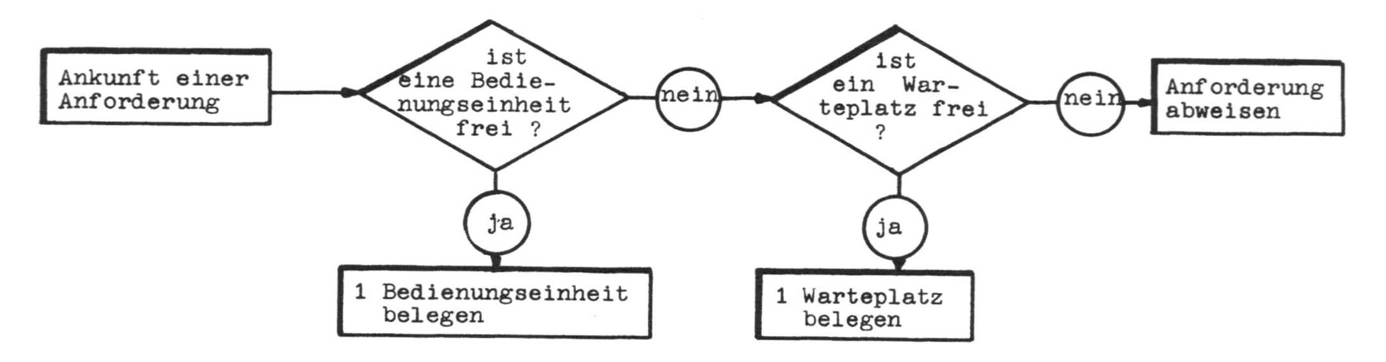

<u>BILD</u> IV-3 : Ausschnitt aus einem Flußdiagramm

B   SIMULATIONSSPRACHEN

1. Allgemeine Bemerkungen

Zur Durchführung einer Simulation auf einer Rechenanlage sind drei Möglichkeiten denkbar:

(a) - ein fertiges Simulationsprogramm für das zu untersuchende Problem steht bereits zur Verfügung
(erhältlich bei Herstellerfirmen von Rechenanlagen oder bei Programmierbüros) . Nur die Lochkarten
für die gewünschten Parameterwerte und die Steuerkarten für das Betriebssystem des Rechners sind noch
anzufügen. Solche "Programmpakete" gibt es für die Lagerhaltung, für gewisse Arbeitsabläufe, für
Unternehmensspiele etc. Meist beschreiben diese Programme jedoch nicht genau dasjenige Modell,
welches der Benutzer untersuchen möchte, sondern nur Teile davon. Programmpakete stehen also nur zur
Verfügung für einfache Anordnungen bzw. für solche komplexe Systeme, die häufig simuliert werden
und für die sich daher die Erstellung eines Programmpaketes lohnt.

(b) - Das Simulationsprogramm wird in einer der üblichen problemorientierten Programmiersprachen
(FORTRAN,ALGOL) oder in einer Maschinensprache geschrieben : der Bedarf an Speicherplatz und
Rechenzeit ist hierbei im Vergleich zur Verwendung von speziellen Simulationssprachen -siehe (c) -
relativ gering. Allerdings erfordert die Erstellung und Prüfung des Simulationsprogramms einen hohen
Aufwand an Zeit.

(c) - Eine spezielle Simulationssprache wird angewendet, bei der typische Befehle für die Simulation
(z.B. "Einordnen eines Kunden in eine Warteschlange") vorgesehen sind. Durch solche "Makrobefehle"
läßt sich ein Modell leicht und übersichtlich beschreiben, wodurch die Zeit für die Programmierung

bedeutend kürzer ist als im Fall (b) . Die Verwendung spezieller Simulationssprachen bringt freilich
auch einige Probleme mit sich. Sie sind begründet in der heute oft noch unzureichenden Dokumentation
der Simulationssprachen und in der Schwierigkeit, mit dem zur Verfügung stehenden Speicherplatz
des Rechners auszukommen. Daher können Simulationssprachen heute nur auf Großrechnern sinnvoll
eingesetzt werden.

Im folgenden sind die wichtigsten Eigenschaften von Simulationssprachen stichwortartig erläutert
sowie einige Simulationssprachen genannt.

1.1. Die ideale Simulationssprache

Eine "ideale" Simulationssprache sollte die folgenden Merkmale aufweisen, die sich aus den
Betrachtungen zur Simulation in Abschnitt A ergeben (siehe auch /63,67/) :

- Bequeme Beschreibung des Modells:
  (a) - statische Struktur   ..Definition der Strukturelemente und ihrer Eigenschaften
                              ..Verknüpfung der Strukturelemente
                              ..Bildung neuer Strukturelemente während der Simulation
  (b) - dynamische Struktur   ..Bereitstellung einer "inneren Uhr" , welche die simulierte Zeitachse

            darstellt; diese Uhr kann taktmäßig fortschreiten oder jeweils vom
            Zeitpunkt e i n e s Ereignisses bis zum Zeitpunkt des nächsten
            Ereignisses "springen" (sogenannte event-by-event-simulation). In
            beiden Fällen spricht man von einem "zeittreuen Simulationsverfahren"
            im Gegensatz zur Simulationsmethode der "Ruf- und Lösch-Zahlen", die

hier nicht weiter erörtert werden soll. Sie ist in /17/ ausführlich beschrieben.
..Auswahlverfahren für das jweils nächste Ereignis

- Nachbildung statistischer Vorgänge; Bereitstellung von Pseudozufallszahlen
- Einfache Auswertung von interessierenden Meßgrößen (d.h. Durchführung von charakteristischen
  arithmetischen Operationen) und übersichtliche Darstellung der Simulationsergebnisse (in sogenannten Reports) .
- Erleichterung der Fehlersuche (syntaktische und logische Fehler) und der Ablaufkontrolle
- einfache Eingabe der Anfangsbedingungen
- Sonstiges: ..leichte Lesbarkeit des Programms für den Benutzer
            ..geringer Aufwand an Programmierzeit und vertretbarer Aufwand an Rechenzeit
            ..gute Dokumentation über die Eigenschaften der Programmiersprache

1.2. Heutige Simulationssprachen

Die Tabelle auf der nächsten Seite enthält einige der heute zur Verfügung stehenden Simulationssprachen. Eine ausführliche vergleichende Zusammenstellung der Simulationssprachen ist in
/44,63,67,77/ zu finden.

SIMULATIONSSPRACHE	ENTWICKELT VON	ZU GRUNDE LIEGENDE PROBLEMORIENTIERTE PROGRAMMIERSPRACHE	BEMERKUNGEN
(a) - diskrete Simulation (die Parameter des Systems sind nicht zeitabhängig)			
AS (Algol Simulation Language)	PARSLOW,R.D.; Brunel University, England	ALGOL	-
CSL (Control and Simulation Language)	BUXTON,J.N.;Warwick University,England; LASKI,J.G.; Esso Petroleum Co.Ltd.,England	FORTRAN	-
GPSS (General Purpose Simulation System)	GORDON,G.; EFRON,R.; Advanced Systems Development Division of IBM	-	erleichtert die Umsetzung eines Flußdiagramms der Simulation in Programmbefehle
GSP (General Simulation Program)	TOCHER,K.D.; HOPKINS,D.A.; United Steel Companies Ltd.	-	-
SIMSCRIPT (Simulation Scripture)	MARKOWITZ,H.;HAUSNER,B.;KARR,M; RAND Corporation	FORTRAN	-
SIMPAC (Simulation Package)	LACKNER,M.R. und andere; System Development Corporation	-	fester Zeittakt
SIMULA (Simulation Language)	DAHL,O.I.; NYGAARD,K.; Norwegian Computing Centre	ALGOL	-
(b) - kontinuierliche Simulation (die Parameter des Systems sind zeitabhängig)			
DYNAMO	PUGH,A.L. und andere; Dynamics Project,MIT	-	geeignet für Modelle mit Rückkopplung und zur Lösung von Differenzengleichungen 1. Grades

1 — 4 Allgemeine Bemerkungen

Die Vielzahl der Simulationssprachen darf freilich nicht darüber hinwegtäuschen, daß der Benutzer im allgemeinen auf Programmpakete oder auf diejenige Simulationssprache angewiesen ist, für die ein Übersetzer (Compiler) an der <u>vorhandenen Rechenanlage</u> bereitsteht. Da jede der angeführten Simulationssprachen auf Grund einer ganz bestimmten Aufgabenstellung entwickelt wurde, gibt es bei jeder Simulationssprache Systeme, die sich mit eben dieser Sprache besonders einfach in einem Simulationsprogramm nachbilden lassen. Eine universelle "ideale" Simulationssprache liegt bis heute noch nicht vor, doch sind alle Entwickler von Simulationssprachen bestrebt, durch neue Versionen die allgemeine Anwendbarkeit zu verbessern.

Die restlichen Abschnitte dieses Bandes behandeln eingehend die Simulationssprache SIMSCRIPT (Abkürzung von <u>SIM</u>ULATION <u>SCRIPT</u>URE), die 1963 von H.M. MARKOWITZ und anderen bei der RAND-Corporation entwickelt wurde. SIMSCRIPT hat seinen Ursprung in den Simulationssprachen GEMS (<u>G</u>eneral <u>E</u>lectric <u>M</u>anufacturing <u>S</u>imulator) und SPS-1 (<u>S</u>imulation <u>P</u>rogramming <u>S</u>ystem-1). SIMSCRIPT enthält zahlreiche Elemente der problemorientierten Programmiersprache FORTRAN und bietet daher die Möglichkeit, neben den Anweisungen, die für eine Simulation typisch sind, noch weitere umfangreiche arithmetische Operationen durchzuführen sowie FORTRAN-Bibliotheksfunktionen aufzurufen. Außerdem erfüllt SIMSCRIPT viele der Anforderungen (vgl. S.1-2), die an eine flexible Simulationssprache gestellt werden.

2. Gewählte Abkürzungen und Symbole

Abkürzungen (alphabetisch)

AFU = Auswahlfunktion (control phrase)
ENO = EVENT NOTICE

PAT = PERMANENT ATTRIBUTE
PEN = PERMANENT ENTITY
PS   = Programmsteuerung (program control)
TAT = TEMPORARY ATTRIBUTE
TEN = TEMPORARY ENTITY
UP   = Unterprogramm
WT   = Wahrscheinlichkeitstafel (random
       look-up table)

Symbole

/2/   Hinweis auf Literaturstelle "2" (S.28-1)
((5-2))   Hinweis auf das "CDC-Handbuch S.5-2" —→/46/
a1
a2   }   a1,a2,a3 sind gleichbedeutend
a3

[a]   "a" darf weggelassen werden

O   Zahl Null
Ø   Anfangsbuchstabe von "Otto"; dieser Unter-
          schied wird für das Ausfüllen von
          Programmierformularen empfohlen.
3.5   englische Schreibweise der Zahl "3,5"
∥   wichtige Stelle im Text

HINWEIS : die Bilder sind entsprechend derjenigen Seite beziffert, auf welcher sie gezeigt werden:
          BILD 14-5 befindet sich also auf Seite 14-5 .

3. Die Zustandsbeschreibung

In SIMSCRIPT wird der Zustand des nachzubildenden Modells dargestellt durch "ENTITIES" (Einheiten), "ATTRIBUTES" (Attribute) dieser ENTITIES und "SETS" (Gruppen) von ENTITIES.

ENTITY: jeder Gegenstand, der eine selbständige Rolle im Modell spielt (z.B. ein Werkstück in einer Werkhalle, ein Anruf in einem Telephonnetz, ein Schiff in einem Hafen).

ATTRIBUTES: Eigenschaften, die ein ENTITY beschreiben.Z.B. kann das Kennzeichen eines Werkstückes sein Gewicht, sein Anlieferungszeitpunkt, seine Bearbeitungsdauer sein; bei einem Anruf sind die Telefonnummer des Anrufers, die Rufnummer des Partners, die Kennzahl der belegten Leitung etc. als Kennzeichen denkbar.

SET: nützlich für die Gruppierung von ENTITIES, die im Verlauf der Simulation unter einem gemeinsamen Gesichtspunkt geordnet werden sollen (z.B. Werkstücke in der Endkontrolle , wartende Kunden an Schalter Nr.4). Ein ENTITY kann im Verlauf der Simulation in ein SET eingereiht und auch wieder daraus entfernt werden (z.B. das ENTITY "KUNDE" wird zunächst in das SET "SCH4" eingeordnet und später - nach der Abfertigung - wieder aus dem SET "SCH4" herausgenommen). Das Entfernen aus dem SET erfolgt so, daß entweder das am längsten oder das am kürzesten zum SET gehörende ENTITY zuerst entfernt wird, oder daß ein ATTRIBUTE bei jedem ENTITY im SET die Abholpriorität festlegt.

Das Modell darf eine beliebige Anzahl verschiedener Typen von ENTITIES enthalten; jeder
Typ eines ENTITY darf durch beliebig viele Exemplare vertreten sein (z.B. 5 Werkstücke,
2 Anrufe, 18 Schiffe); ENTITIES sind vom selben Typ, wenn sie denselben Namen tragen; die zu
jedem Exemplar gehörenden Attribut-Werte können natürlich individuell verschieden sein
(z.B. können zwei Werkstücke unterschiedliches Gewicht aufweisen, obwohl beide ENTITIES "WSTCK"
das ATTRIBUTE mit dem Namen "GEW" haben).

Ob ein Bestandteil des Modells als ENTITY oder als ATTRIBUTE eines ENTITY verstanden wird.
hängt davon ab, ob es sich um einen selbständigen Bestandteil im Modell handelt; durchläuft der
Bestandteil im Verlauf der Simulation mehrere Stationen des Modells (z.B. mehrere Abfertigungs-
schalter, mehrere Bearbeitungsmaschinen), so ist es sinnvoll, den Bestandteil als ENTITY zu
vereinbaren (z.B. die Kunden, die Produkte). Spielt jedoch das einzelne Produkt z. B. keine Rolle
in der Simulation, sondern nur die Anzahl der Produkte ("PROD"), die ein bestimmtes Werk herstellt,
so wird dies berücksichtigt, indem "PROD" als ATTRIBUTE des ENTITY "WERK" vereinbart wird.

4. Die Vereinbarung von ENTITY,ATTRIBUTE,SET

Grundsätzlich steht es dem Programmierer frei, welche Größen seines Simulationsmodells er als ENTITY, als ATTRIBUTE oder als SET vereinbart. Die vorgenommene Organisation wird im DEFI-Formular (siehe S.16-2,Fragenkatalog) eingetragen. Zur bequemen Programmierung ist es zweckmäßig, bei den ENTITIES vier Arten zu unterscheiden:

- TEMPORARY ENTITY   (zeitweilige Einheit)

- EVENT NOTICE   (Notiz für ein inneres Ereignis, Sonderform eines TEMPORARY ENTITY)

- PERMANENT ENTITY   (Permanente Einheit)

- SYSTEM   (das simulierte System oder Modell, das ebenfalls als Einheit aufgefasst wird)

Die Bedeutung der einzelnen ENTITIES wird bei der Erläuterung zum DEFI-Formular (S. 16-1) wichtig; hierbei sind Angaben über den Namen des ENTITY, ATTRIBUTE oder SET zu machen, sowie über den Speicherbedarf, die Anzahl der Indizes, die Vorzeichen etc. . Die Definition der Größen des Modells geht also viel weiter,als dies z. B. im Vereinbarungsteil eines ALGOL-Programms der Fall ist (siehe /1/).

5. EVENT-Unterprogramme und innerer Kalender

Der Zustand des Modells wird durch EVENTS (Ereignisse) verändert; EVENT ist ein Unterprogramm, welches beschreibt, in welcher Weise die Zustandsänderung vorgenommen wird; die Simulation wird durch eine Folge von EVENTS dargestellt; jedes EVENT kann mehrere SUBROUTINES (siehe S.13-3) aufrufen.Es sind beliebig viele unterschiedliche EVENTS zugelassen, und ein bestimmtes EVENT darf zu jedem gewünschten Zeitpunkt auftreten (simulierte Zeit, überwacht durch die innere Uhr). Ein EVENT kann z.B. das Abfertigen an einem Schalter beschreiben, sooft ein Kunde am Schalter erscheint; ein weiteres EVENT kann die statistische Auswertung beschreiben, z.B. sobald eine gewisse Anzahl von Kunden abgefertigt wurde.

Jeder Typ eines EVENT wird in einer sogenannten EVENT-Liste aufgeführt. Durch diese Liste werden intern die Eintragungen in den "inneren Kalender" ermöglicht, der als Zeitplan für die "innere Uhr" dient. Während der Simulation springt die innere Uhr vom Zeitpunkt eines EVENT nach dessen Abfertigung direkt zum Zeitpunkt des nächsten EVENT gemäß den Eintragungen im inneren Kalender. Es gibt kein starres Zeitraster; daher können die EVENTS für beliebige Zeitpunkte in den inneren Kalender eingetragen werden . Der zeitliche Abstand zwischen zwei aufeinanderfolgenden EVENTS kann somit Minuten, Stunden oder mehrere Tage (simulierte Zeit!) betragen.

In SIMSCRIPT sind ENDOGENOUS EVENTS (innere Ereignisse, die während der Simulation in den inneren Kalender eingeschrieben werden) und EXOGENOUS EVENTS (äußere Ereignisse, die vom Programmierer v o r der Simulation auf das EXOG EVENT-Tape geschrieben wurden und von dort auf den inneren Kalender gelangen) für eine Zustandsänderung verwendbar.

BILD 5-1 : Innerer Kalender

Im Folgenden werden die Operationen, die ein EVENT-UP durchführen kann, sowie die zugehörigen Unterprogramme kurz angedeutet:

- Zustandsänderungen eines individuellen TEMPORARY ENTITY
- Vorplanen oder Streichen eines zukünftigen EVENT
- Entscheidungsbefehle
- Statistische Auswertung
- Ausdrucken der Ergebnisse

5.1. Die Zustandsänderung eines individuellen TEMPORARY ENTITY

Im Verlauf der Simulation kann ein TEMPORARY ENTITY (TEN) seinen Zustand auf dreierlei Arten verändern:. Das TEN wird gebildet oder gelöscht
. Das TEN ändert den Wert eines ATTRIBUTE
. Das TEN ändert die Zugehörigkeit zu einem SET

5.1.1. Das TEN wird gebildet oder gelöscht

Sooft ein neues Exemplar eines TEN in der Simulation auftritt (z.B. ein neuer Kunde an einem Schalter), muß für die ATTRIBUTES dieses TEN ein individueller Bezirk im Speicher reserviert werden; dies geschieht durch die Anweisung "CREATE KUNDE" . Wenn der Kunde abgefertigt ist und im weiteren Verlauf der Simulation keine Rolle mehr spielt, so kann der betreffende Bezirk im Speicher wieder gelöscht werden; dies erfolgt mit der Anweisung "DESTROY KUNDE"

5.1.2. Das TEN ändert den Wert eines ATTRIBUTE

Zur Änderung von ATTRIBUTE-Werten steht bei SIMSCRIPT die Anweisung "LET" zur Verfügung.
Die folgende Anweisung würde z.B. bewirken, daß die momentane Anzahl von Stiften gleich der
bisherigen Anzahl ist, vermehrt um die neu produzierten Stifte:

    LET ANZAL(STIFT) = ANZAL(STIFT) + PROD(STIFT)

Soll diese Berechnung für alle Stiftsorten aus einem Herstellerkatalog durchgeführt werden, so kann
dazu die Anweisung so lauten:

    LET ANZAL(STIFT) = ANZAL(STIFT) + PROD(STIFT) , FOR EACH STIFT OF KTLG

In diesem Beispiel sind "ANZAL" und "PROD" Attribute des TEN "STIFT" , und "KTLG" ist ein SET,
in welchem das TEN "STIFT" eingeordnet ist.

5.1.3. Das TEN ändert die Zugehörigkeit zu einem SET

Um ein TEN in ein SET einzuordnen (z.B. einen MANN in einen LIFT), genügt die Anweisung
"FILE MANN IN LIFT". Zum Entfernen aus dem SET steht die folgende Anweisung zur Verfügung:
"REMOVE MANN FROM LIFT".

5.2. Vorplanen und Streichen eines EVENT

Der Zeitpunkt eines ENDOGENOUS EVENT (inneres Ereignis) kann erst im Verlauf der Simulation in den
inneren Kalender eingetragen werden; dagegen steht der Zeitpunkt eines EXOGENOUS EVENT
(äußeres Ereignis) bereits vor dem Beginn der Simulation fest. Der Name des ENDOGENOUS EVENT
ist durch das EVENT NOTICE im "DEFI-Formular" (siehe S.16-10) vereinbart. Das EVENT NOTICE hat
als Sonderform eines TEN dieselben Eigenschaften wie dieses: es kann gebildet und gelöscht werden,

es hat ATTRIBUTES und darf in ein SET eingeordnet werden. Im Programm sind zum Vorplanen eines zukünftigen ENDOGENOUS EVENT folgende Schritte notwendig:

a- Bildung eines individuellen EVENT NOTICE für das EVENT, d.h. Reservierung eines Bezirks im Speicher für die ATTRIBUTES des EVENT NOTICE

b- Festlegung der ATTRIBUTE-Werte

c- Eintragung des EVENT NOTICE in den inneren Kalender

5.3. Entscheidungsbefehle

In einem EVENT werden häufig Entscheidungen gefällt, die darüber bestimmen, welche Zustands-änderungen vorgenommen werden sollen oder welches Ereignis von mehreren möglichen Ereignissen in den inneren Kalender eingetragen werden soll.

Für einfache Entscheidungen sind die Anweisungen "IF" und "GO TO" vorgesehen. Zusätzlich kann mit der Anweisung "FIND MAX", "FIND MIN", "FIND FIRST" ein Absuchvorgang eingeleitet werden.

Beispiel: aus einer Gruppe von Leuten soll der jüngste Mann ausgesucht werden, der mehr als 10

Kinder hat und das Alter dieses Mannes soll in der Variablen "VITAL" abgespeichert werden:

    FIND VITAL = MIN OF ALTER(MANN), FOR EACH MANN OF LEUT, WITH NKIND(MANN) GR 10

Für noch umfangreichere Entscheidungsbefehle stehen sogenannte Auswahlfunktionen (siehe S.9-3)
zur Verfügung.

5.4. Statistische Auswertung

Mit der Anweisung ACCUMULATE läßt sich das Integral einer Größe über der Zeit berechnen:

    ACCUMULATE DAUER(RUF) INTO ZEIT(RUF) SINCE LETZT(RUF); Einzelheiten siehe S.12-1 .

Einige häufig verwendeten statistischen Berechnungen können direkt aufgerufen werden mit der
Anweisung COMPUTE . Hierzu gehört die Summenbildung, der Mittelwert, die Varianz
und andere. Beispiel: COMPUTE S,M = MEAN,VARIANCE OF PREIS(WARE) FOR EVERY WARE OF LAGR

5.5. Ausdrucken der Ergebnisse

Das Ausdrucken von Ergebnislisten wird bei SIMSCRIPT vom REPORT GENERATOR besorgt, der gemäß den
Eintragungen im REPORT-Formular (siehe S.14-2) interne UP für das Drucken aufruft. Der
gewünschte Drucktext wird im Formular in die sogenannte FORM-Zeile geschrieben. Dort, wo
Zahlenwerte erscheinen sollen, werden Sternchen gesetzt und die nachfolgende Zeile im REPORT-
Formular gibt dann an, welche Variable an dieser Stelle gedruckt werden soll. Zusätzlich gibt
es noch eine Anzahl von Steuerspalten zur Gestaltung der Ergebnisliste.

6. Variable und Kennadressen

In SIMSCRIPT gibt es vier Arten von Variablen:

- Lokale Variable
- Argumente (formale Parameter)
- TEMPORARY ATTRIBUTES ⎫
- PERMANENT ATTRIBUTES ⎬ Systemvariable

In diesem Kapitel wird außerdem noch die Verwendung von Indizes und Kennadressen behandelt.

6.1. Lokale Variable   ((2-1))

NAME: besteht aus bis zu 7 Zeichen (Einschränkung wegen der Maschinensprache COMPASS), beginnend mit einem Buchstaben. Dieser Anfangsbuchstabe bestimmt den
MODUS: I,J,K,L,M,N bedeutet – lokale Variable ist i n t e g e r (Beispiel: NUMM, KW445, MINI2K8)
     restliche Buchstaben bedeuten – lokale Variable ist r e a l (Beispiel: ZX, ANGEBOT, T77)
Der Name einer lokalen Variablen gilt nur innerhalb eines bestimmten Unterprogramms (UP). Daher darf derselbe Name in anderen UP für eine andere lokale Variable, die dort auftritt, verwendet werden. Zulässig als Name für eine lokale Variable sind auch die im DEFI-Formular (siehe S.16-1) vereinbarten Namen der TEMPORARY ENTITIES sowie der EVENT NOTICES und PERMANENT ENTITIES. Die lokalen Variablen werden nicht im DEFI-Formular vereinbart.
INDEX: beliebiger arithm. Ausdruck (siehe S.7-1), der seinerseits wieder beliebige Indizes enthalten darf. Indizierte lokale Variable müssen im betreffenden UP in der DIMENSION-Anweisung (siehe S.12-5) vereinbart werden, während indexfreie lokale Variable bereits durch ihren Anfangsbuchstaben vereinbart sind (sogenannte implizite Vereinbarung).

6.2. Argumente   ((2-1))

Argumente sind Variable, deren Name in der Parameterliste einer Anweisung"FUNCTION"oder einer Anweisung "SUBROUTINE" auftritt.

MODUS: festgelegt wie bei lokalen Variablen durch den Anfangsbuchstaben (siehe S.6-1). Sobald eine Variable als Argument auftritt, bildet die PS eine interne Variable mit demselben Namen, die jedoch nicht den Zahlenwert der lokalen Variablen enthält, sondern eine Adresse; die Adresse zeigt an, in welcher Speicherzelle sich der Zahlenwert der lokalen Variablen befindet.

6.3. TEMPORARY ATTRIBUTES

Ein TEMPORARY ATTRIBUTE (TAT) bezeichnet eine Eigenschaft eines TEMPORARY ENTITY (TEN); daher wird stets hinter das TAT ein Index gesetzt (Kennvariable, die selbst wieder beliebig indiziert sein kann); dieser Index gibt an, zu welchem TEN das TAT gehört.

Beispiel:

```
         ANZAL(AUTO)                          ANZAL(AUFT(KUNDE))
           |     |                              |     |
         TAT   Kennvariable, welche           TAT   indizierte Kennvariable
               das zugehörige TEN anzeigt
```

Die Kennvariable beinhaltet die sogenannte Kennadresse des individuellen TEN, d.h. die Angabe, in welchem Bezirk im Speicher die ATTRIBUTES des TEN abgespeichert sind.

6.4. Kennadressen

Zur Veranschaulichung der Kennadresse diene die Anweisung "CREATE AUTO CALLED WANKL" , wobei "AUTO" ein TEN mit 8 Ganzworten sei (für die ATTRIBUTES) und "WANKL" eine lokale Variable.

Die Anweisung bewirkt, daß im Speicher ein Bezirk mit 8 aufeinanderfolgenden Speicherzellen bereitgestellt wird (z.B. Zelle 4000 bis 4007) und die Kennadresse dieses Speicherbezirks in der Variablen "WANKL" abgespeichert wird; die Kennadresse ist stets um 1 kleiner als die niederste Adresse des Speicherbezirks. Im Beispiel wird also die Zahl 3999 in der lokalen Variablen "WANKL" abgespeichert. Wenn nun im weiteren Programm das ATTRIBUTE "ANZAL" verwendet wird, so ist die PS aus dem DEFI-Formular (siehe S.16-1) darüber informiert, daß dieses ATTRIBUTE z.B. in Wort 2 des Speicherbezirks steht. Bei der Anweisung "LET ANZAL(WANKL)= 5" wird die Zahl "5" in der Speicherzelle Nummer "Kennadresse + 2", also in der Zelle 4001 untergebracht; soll im selben Programmteil ein weiteres Auto gebildet werden, so kann dies durch die Anweisung "CREATE AUTO CALLED ATOM" geschehen und hierbei wird dann für dieses individuelle TEN "AUTO" anderswo im Speicher ein Bezirk von 8 Ganzworten , d.h. 8 aufeinanderfolgende Speicherzellen reserviert, z.B. die Zellen 3049 bis 3056 ; in der lokalen Variablen "ATOM" steht die Zahl 3048 (= Kennadresse dieses zuletzt gebildeten TEN "AUTO").

BEMERKUNG: Da der Name eines TEN, der ja im DEFI-Formular vereinbart ist, auch jederzeit als Name für eine lokale Variable verwendet werden darf, ist die folgende Anweisung ebenfalls zulässig: "CREATE AUTO CALLED AUTO" ; hierfür gibt es die Kurzform "CREATE AUTO" ; dabei muß man jedoch beachten, daß bei dieser Anweisung eine lokale Variable namens "AUTO" die Kennadresse des TEN "AUTO" beinhaltet. In diesem Fall lautet die entsprechende Anweisung aus dem obigen Beispiel "LET ANZAL(AUTO) = 5", wobei das in Klammern stehende "AUTO" der Name einer lokalen Variablen ist, der eben hier gleich lautet wie der Name des TEN, zu dem das ATTRIBUTE "ANZAL" gehört.

Obwohl die Kennadresse eine ganze Zahl ist, darf ausnahmsweise diese ganze Zahl in einer real-Größe abgespeichert werden (z.B. in der lokalen Variablen "WANKL", die gemäß ihres Anfangsbuchstabens als real vereinbart ist, siehe S.6-1); dies ist jedoch nur erlaubt, solange die lokale Variable nicht an arithm. Operationen beteiligt ist.

Als _Beispiel_ sei ein Programmausschnitt angefügt, der zu einer Fernsprech-Verkehrssimulation
gehören könnte: ein Anruf (dargestellt durch das _TEN_ "ANRUF") wird erzeugt; der gewünschte
Gesprächspartner wird abgespeichert (im _TAT_ "ZIEL(ANRUF)"); das Unterprogramm für die Vermittlung
des Anrufs (dargestellt im _ENO_ "VERMI") wird vorgeplant, sobald die Wählzeit (dargestellt im
PAT "WZEIT") verstrichen ist.

Die in diesem Programmabschnitt auftretenden Größen stehen im DEFI-Formular an den folgenden Plätzen:

		TEMPORARY SYSTEM VARIABLES				PERMANENT SYSTEM VARIABLES					SETS		FUNCTIONS	
	TEMPORARY AND EVENT NOTICE ENTITIES			ATTRIBUTES			ARRAY NUMBER	NAME	PACKING		NAME	ATTRIBUTE USED IN RANKING		NAME	MODE
	T,N	NAME	RECORD SIZE (MASTER / SATELLITE)	T,N	NAME	RECORD WORD PACKING SIGNED MODE									
01	02 03 04 05 06 07 08	09 10 11 12 13 14 15 16 17		18 19 20 21 22 23 24	25 26 27 28 29 30 31	32 33 34 35 36 37 38 39	40 41	42 43 44 45 46 47 48 49	50 51 52 53 54 55 56 57 58 59 60 61 62 63 64 65	66 67 68 69 70 71 72						
+	T A N R U F 8			T Z I E L	2 ... I	1 W Z E I T		F							
+	N V E R M I 4			N E I N G	3 ... I										

<u>BILD</u> 6-4 : Vereinbarung der Variablen im DEFI-Formular

Im Einzelnen lauten die Anweisungen (die nicht unterstrichenen Ausdrücke der linken Spalte
sind Namen von Variablen) :

<u>CREATE</u> ANRUF   -gleichbedeutend mit "<u>CREATE</u> ANRUF <u>CALLED</u> ANRUF" ; reserviert im
Speicher z.B. die <u>Zellen 5000 bis 5007</u> für die ATTRIBUTES des
TEN "ANRUF" , für das im DEFI-Formular 8 Ganzworte vereinbart sind.
Außerdem wird in einer lokalen Variablen namens "ANRUF" die Kenn-
adresse des TEN "ANRUF" , also die <u>Zahl 4999</u> , abgespeichert.

STORE NUMM IN ZIEL(ANRUF)   -(1) ist ein TAT des TEN "ANRUF" und als solches im DEFI-Formular
    (3)   (1) (2)   vereinbart (als Wort 2). (2) ist eine lokale Variable namens "ANRUF"
                               welche die Kennadresse des TEN "ANRUF" enthält, das in der voran-
                               stehenden Anweisung gebildet wurde. (3) ist eine lokale Variable,
                               welche die Kennadresse des gerufenen Teilnehmers enthält (der gerufene
                               Teilnehmer werde durch ein TEN dargestellt, dessen Kennadresse in
                               einem Programmteil außerhalb des hier gezeigten Programmabschnittes
                               in die lokale Variable "NUMM" transportiert worden sei).

CREATE VERMI   -gleichbedeutend mit "CREATE VERMI CALLED VERMI" ; reserviert einen
                               Speicherbezirk für die ATTRIBUTES des ENO(Notiz für ein inneres
                               Ereignis) und speichert die Kennadresse dieses Bezirks in der lokalen
                               Variablen "VERMI" ab. Das ENO "VERMI" ist im DEFI-Formular mit 4 Ganz-
                               worten vereinbart und die Kennadresse des Speicherbezirks sei 3777.

STORE ANRUF IN EING(VERMI)   -speichert die Kennadresse des TEN "ANRUF" , welche in der lokalen
                               Variablen "ANRUF" steht, im ATTRIBUTE "EING" ab; dieses ATTRIBUTE
                               gehört zum ENO "VERMI" und ist im DEFI-Formular als Wort 3 vereinbart
                               (die in Klammern stehende Größe ist die lokale Variable "VERMI");
                               somit steht nach der Durchführung dieser Anweisung die Zahl 4999 in
                               der Speicherzelle "VERMI + 3" , also in der Zelle 3780.

CAUSE VERMI AT TIME + WZEIT -gleichbedeutend mit "CAUSE VERMI CALLED VERMI AT TIME + WZEIT" ;trägt
                               die in der lokalen Variablen "VERMI" abgespeicherte Kennadresse in den
                               inneren Kalender ein, sodaß das ENDOGENOUS EVENT VERMI von der inneren
                               Uhr dann aufgerufen wird, wenn der Zeitpunkt "TIME + WZEIT" erreicht
                               ist. "TIME" bedeutet stets den gegenwärtigen Zeitpunkt.

Sobald die Simulation an den Zeitpunkt im inneren Kalender gelangt, für den das ENO "VERMI"
(genauer: dessen Kennadresse) in der Anweisung CAUSE vorgemerkt wurde, ruft die innere Uhr das
UP"ENDOGENOUS EVENT VERMI" auf. Dieses UP kann z.B. folgendermaßen beginnen:

ENDOGENOUS EVENT VERMI   —Jeder Typ eines ENDOGENOUS EVENT und das zugehörige ENO wird stets
                                unter demselben Namen geführt; sobald das ENDOGENOUS EVENT VERMI auf-
                                gerufen wird, erhält eine lokale Variable "VERMI" intern den Wert
                                derjenigen Größe zugeteilt, die in der Anweisung "CAUSE VERMI" als
                                Träger der Kennadresse diente (dort hieß die betreffende Variable
                                ebenfalls "VERMI" und enthielt den Wert 3777).

STORE ZIEL(EING(VERMI)) IN   —setzt die lokale Variable"PARTN" gleich der Kennadresse des Gesprächs-
     PARTN   partners, die vormals in der lokalen Variablen"NUMM" abgespeichert war.

Der Vorteil der Indizierung mit Kennadressen soll durch eine Erweiterung des ENDOGENOUS EVENT VERMI
 gezeigt werden: (a1) die Kennadresse des
ENO "VERMI" soll in der lokalen Variablen   ENDOGENOUS EVENT VERMI
"VARI" abgespeichert werden; (a2) anschließend (a1) STORE VERMI IN VARI
soll Speicherplatz für ein weiteres ENO "VERMI"   .
bereitgestellt werden; (a3) schließlich soll   (a2) CREATE VERMI
das ATTRIBUTE "EING" des ersten ENO "VERMI"   (a3) LET EING(VARI) = 604768
abgeändert werden und (a4) nach einigen   .
weiteren Anweisungen soll das erste ENO "VERMI" (a4) DESTROY VERMI CALLED VARI
gelöscht werden. Hierdurch ist das in (a2)   .
gebildete ENO "VERMI" nicht betroffen, - es   END
bleibt weiterhin bestehen.

6.5. Die Bedeutung der Kennadresse im SET

Ein SET (Gruppe) aus ENTITIES ist in Wirklichkeit eine Liste von Kennadressen, wobei jede
Kennadresse ein Mitglied des SET bezeichnet. Die Kennadressen sind mit Prioritäten versehen,
die sich auf das Abholen aus dem SET beziehen. Die Rangordnung der Kennadressen im SET erfolgt
nach 3 möglichen Gesichtspunkten:

FIFO (first in - first out) :-die am längsten im SET befindliche Kennadresse hat die oberste
                              Priorität.

LIFO (last in - first out) :-die am kürzesten im SET befindliche Kennadresse hat die oberste
                              Priorität.

RANKED   :-Ein bestimmtes ATTRIBUTE entscheidet bei allen Mitgliedern über
                               die Rangfolge im SET.

Eine Kennadresse wird durch die Anweisung "FILE" in ein SET eingeordnet. Abgeholt werden Kennadressen durch die Anweisung "REMOVE FIRST" oder "REMOVE SPECIFIC" .
Beispiel: im Simulationsmodell befinde sich eine Anzahl von Personen; der Name des SET sei "BOOT" ;
dann bewirkt die Anweisung "CREATE PERSO CALLED MANN" und "FILE MANN IN BOOT" , daß der Inhalt
der lokalen Variablen "MANN" in die Reihe der Kennadressen im SET "BOOT" eingeordnet wird; in "MANN"
steht die Kennadresse des TEN "PERSO", z.B. die Adresse 4000 . Wenn diese individuelle Kennadresse
die oberste Priorität im SET erhält, so wird sie bei der nächsten Ausführung der Anweisung
"REMOVE FIRST" aus dem SET "BOOT" abgeholt und in der von der Anweisung "REMOVE FIRST" genannten
lokalen Variablen abgespeichert: somit bewirkt "REMOVE FIRST KOPF FROM BOOT", daß in der lokalen
Variablen "KOPF" die Zahl 4000 steht.
Weitere Einzelheiten über die Organisation eines SET finden sich auf S.16-24 .

6.6. PERMANENT ATTRIBUTES

Wenn in einem Simulationsmodell gewisse Gegenstände in konstanter Anzahl vorhanden sind,
so werden diese Gegenstände durchnumeriert und mit den zugehörigen ATTRIBUTES als
"permanent" im DEFI-Formular vereinbart (siehe S.16-12). Diese Größen erhalten gleich zu
Beginn der Simulation einen festen Speicherplatz.
Es gibt sowohl indexfreie als auch einfach oder doppelt indizierte PERMANENT ATTRIBUTES (PAT).

Das indizierte PAT zeigt durch seinen Index an, zu welchem Exemplar eines PERMANENT
ENTITY (PEN) es gehört: z.B."WERT(1)" ist der Wert von Maschine Nummer 1 , "WERT(3)" ist
der Wert von Maschine Nummer 3, wenn für das PAT "WERT" das zugehörige PEN "MASCH" vereinbart
ist.Sind im Simulationsmodell noch außerdem Exemplare eines PEN namens "HAUS" vorgesehen,
so kann der Wert von Haus Nummer I in dem PAT "WERTH(I)" abgespeichert werden (also: der Wert
des Hauses Nummer 1 steht in dem PAT "WERTH(1)" etc.); hierbei ist jedoch zu beachten,
daß sowohl "MASCH" als auch "HAUS" als Zahl "1" in einem Index vertreten sind, daß jedoch
die zu"MASCH" gehörenden PAT (in diesem Fall das PAT "WERT(1)" , "WERT(2)" etc.) nicht
denselben Namen haben dürfen wie die zu "HAUS" gehörenden PAT (in diesem Fall das PAT "WERTH(1)" ,
"WERTH(2)" etc.) .
INDEX: bei PAT stets integer; zulässig sind lokale Variable, Systemvariable, Konstanten,
arithm. Ausdrücke mit Variablen und/oder Konstanten; die Variablen dürfen ihrerseits beliebig
indiziert sein.
Beispiele: WERT(N + 3) ; WERT(5 - MILL(ALFA + 2))

7. Konstanten und arithmetische Ausdrücke   ((2-2))

K o n s t a n t e n : -bestehen aus einer oder mehreren Ziffern und können integer
oder real sein; real-Zahlen sind durch einen Dezimalpunkt
gekennzeichnet. Beispiele: 5;144; 3.1; .7; 3. ;0.0

A r i t h m e t i s c h e   A u s d r ü c k e : -bestehen aus einer oder mehreren
Variablen und/oder Konstanten, die durch Operationszeichen
verknüpft werden und eventuell eingeklammert sind.

Unzulässig ist der sogenannte "mixed mode" , d.h. ein arithm.
Ausdruck, in dem sowohl r e a l - Größen als auch i n t e g e r -
Größen auftreten. Ein integer-Ausdruck darf jedoch als Index
in einem real-Ausdruck auftreten und umgekehrt; dient ein
real-Ausdruck als Index, so wird nur der ganzzahlige Anteil
des real-Ausdrucks für den Index verwendet und die Dezimalstellen
werden abgeschnitten.
Beispiele: A + 3.5/BTT
           YPS(FT) + (7./(X + Z) - 2.2) * A

D   EINZELHEITEN DER SIMULATIONSSPRACHE SIMSCRIPT

8. Die Operationen mit TEN,ENO,SET

In diesem Kapitel sollen die SIMSCRIPT-Anweisungen behandelt werden, mit denen ein normales
TEMPORARY ENTITY (TEN) oder ein EVENT NOTICE (ENO, Sonderform eines TEN) für das Simulationsmodell
gebildet wird. Außerdem sind noch diejenigen Anweisungen angefügt, welche ein TEN bzw. ENO in
ein SET (Gruppe) ordnen oder welche ein TEN bzw. ENO auflösen.

Beschrieben wird	CREATE	CAUSE	FILE
	DESTROY	CANCEL	REMOVE FIRST
			REMOVE "SPECIFIC"

8.1. Die Anweisung C R E A T E   ((3-5))

a) Lange Form

ALLGEMEIN	ERLÄUTERUNG		BEISPIEL
CREATE n CALLED v	n	Name eines TEN oder ENO	CREATE RUF CALLED NEU
	v	Variable, real oder integer	

WIRKUNG: Für jedes TEN bzw. ENO wird soviel Speicherplatz bereitgestellt, wie im DEFI-Formular
vereinbart ist (siehe S.16-5) . Für das TEN "RUF" seien z.B. 4 Ganzworte vorgesehen; durch die
Anweisung CREATE RUF CALLED NEU seien dem TEN "RUF" von der PS die Speicherzellen 4001,4002,4003,
4004 zugeordnet. Dann wird von der PS die zugehörige Kennadresse (siehe S.6-2) in der lokalen
Variablen v abgespeichert. Im Beispiel erhält also die lokale Variable "NEU" den Wert 4000 .

b) Kurze Form

ALLGEMEIN	ERLÄUTERUNG		BEISPIEL
CREATE n	n	Name eines TEN oder ENO	CREATE LOES

WIRKUNG: Wie bei der langen Form mit dem einzigen Unterschied, daß bei der kurzen Form die Kennadresse des TEN bzw. ENO in einer lokalen Variablen abgespeichert wird, die denselben Namen hat wie das TEN bzw. ENO .Für das TEN "LOES" seien z.B. im DEFI-Formular 8 Ganzworte vereinbart und durch die Anweisung CREATE LOES seien von der PS die Speicherzellen 1015 bis 1022 zugeteilt worden; dann ist die Kennadresse (siehe S.6-2) dieses TEN in der <u>lokalen Variablen</u> "LOES" abgespeichert.
Der Wert der lokalen Variablen "LOES" ist also 1014 .
Die kurze Form der Anweisung CREATE ist somit gleichwertig zu der Anweisung "CREATE n CALLED n" .

8.2. Die Anweisung D E S T R O Y ((3-5))

a) Lange Form

ALLGEMEIN	ERLÄUTERUNG		BEISPIEL
DESTROY n CALLED v	n	Name eines TEN oder ENO	DESTROY ANRUF CALLED NN
	v	lokale Variable, real oder integer	

WIRKUNG: Wenn ein TEN bzw. ENO im weiteren Verlauf der Simulation nicht mehr benötigt wird, dann sorgt die Anweisung DESTROY dafür, daß der betreffende Speicherplatz wieder für andere Größen zur Verfügung steht. Die Kennadresse des aufzulösenden TEN bzw. ENO muß in der lokalen Variablen v enthalten sein (z.B. durch eine vorangegangene Anweisung STORE, siehe S.9-2) .

b) Kurze Form

ALLGEMEIN	ERLÄUTERUNG		BEISPIEL
DESTROY n	n	Name eines TEN oder ENO	DESTROY LOES

<u>WIRKUNG</u>: Wie bei der langen Form mit dem einzigen Unterschied, daß bei der kurzen Form die Kennadresse des TEN bzw. ENO in einer lokalen Variablen bereitsteht, die denselben Namen hat wie das TEN bzw. ENO ; die kurze Form der Anweisung DESTROY ist also gleichwertig zu der Anweisung "DESTROY n CALLED n" .

8.3. Die Anweisung C A U S E ((4-5))

a) Lange Form

ALLGEMEIN	ERLÄUTERUNG		BEISPIEL

CAUSE neno CALLED v
   AT aa
	neno	Name eines ENO	CAUSE START CALLED LETZT
			   AT TIME + 2.0*TNULL

	v	lokale Variable, real oder integer	
	aa	arithm. Ausdruck	

<u>WIRKUNG</u>: Die Kennadresse des ENO (muß in der lokalen Variablen v bereitstehen) wird von der PS in den "inneren Kalender" eingetragen; sobald diese Eintragung dann an vorderster Stelle im Kalender steht, springt die innere Uhr auf den Zeitpunkt aa und ruft das UP "ENDOGENOUS EVENT neno" auf. Im obigen Beispiel ist "TIME" der Zeitpunkt der Simulation, in dem die Kalendereintragung vorgenommen wird; der Aufruf des UP "ENDOGENOUS EVENT START" erfolgt dann im zeitlichen Abstand "2.0*TNULL" (simulierte Zeit!) . Die Kennadresse des ENO "START" muß in der lokalen Variablen "LETZT" bereitstehen (z.B. durch eine vorherige Anweisung CREATE START CALLED LETZT oder durch eine Anweisung STORE , siehe S.9-2) .

Sind zwei ENO für denselben Zeitpunkt im inneren Kalender eingetragen, so wird dasjenige ENO zuerst erledigt, welches zuerst in den inneren Kalender eingetragen wurde.

b) Kurze Form

ALLGEMEIN	ERLÄUTERUNG		BEISPIEL
CAUSE neno AT aa	neno	Name eines ENO	CAUSE RUF AT ABST*(X+Y)
	aa	arithm. Ausdruck	

WIRKUNG: Wie bei der langen Form mit dem einzigen Unterschied, daß in der kurzen Form die Kennadresse des ENO in einer lokalen Variablen bereitsteht, die denselben Namen hat wie das ENO .
Die kurze Form der Anweisung CAUSE ist also gleichwertig zu der Anweisung "CAUSE neno CALLED neno AT aa" .
Bei der Ausführung der Anweisung CAUSE ruft die PS ein UP mit dem Namen S-neno auf; daher darf in keinem Programmteil eine lokale Variable des Namens S-neno verwendet werden (siehe auch S.26-1) .

8.4. Die Anweisung C A N C E L ((4-5))

a) Lange Form

ALLGEMEIN	ERLÄUTERUNG		BEISPIEL
CANCEL neno CALLED v	neno	Name eines ENO	CANCEL LOSU CALLED ALI
	v	lokale Variable, real oder integer	

WIRKUNG: Ein bereits im inneren Kalender (durch eine vorangegangene Anweisung CAUSE) eingetragenes ENO wird vorzeitig vom Kalender gestrichen. Die Kennadresse des ENO muß in der lokalen Variablen v bereitstehen (z.B. durch eine vorhergegangene Anweisung STORE, siehe S.9-2) ; die Kennadresse

kann in einer späteren Anweisung CAUSE erneut in den inneren Kalender eingetragen werden, da die
Anweisung CANCEL n i c h t den Speicherplatz aufgelöst hat; nur die Anweisung DESTROY löst einen
Speicherplatz auf (siehe S.8-2) .
Sobald das UP "ENDOGENOUS EVENT neno" von der inneren Uhr aufgerufen ist und abgearbeitet wird,
benötigt man keine zusätzliche Anweisung CANCEL, da das ENO in diesem Fall durch die PS vom
innern Kalender gestrichen wird.

b) Kurze Form

ALLGEMEIN	ERLÄUTERUNG		BEISPIEL
CANCEL neno	neno	Name eines ENO	CANCEL WAHL

WIRKUNG: Wie bei der langen Form mit dem einzigen Unterschied, daß in der kurzen Form die Kennadresse des ENO in einer lokalen Variablen bereitsteht, die denselben Namen hat wie das ENO .
Die kurze Form der Anweisung CANCEL ist gleichwertig zu der Anweisung "CANCEL neno CALLED neno" .
Bei der Ausführung der Anweisung CANCEL ruft die PS ein UP mit dem Namen I-neno auf; daher darf
in keinem Programmteil eine lokale Variable des Namens I-neno verwendet werden (siehe S.26-1) .

8.5.= Die Anweisung =F=I=L=E= ((3-9))

ALLGEMEIN	ERLÄUTERUNG		BEISPIEL
FILE v IN nset	v	lokale Variable	FILE RUF IN WART(1)
	nset	Name eines SET	FILE DING IN FACH
			FILE STCK(NR) IN A(NR,K)

WIRKUNG: Die in v abgespeicherte Kennadresse eines TEN oder ENO wird in ein SET eingeordnet.
Die Position der Kennadresse innerhalb des SET richtet sich danach, wie das SET im DEFI-Formular
vereinbart ist : als FIFO,LIFO oder RANKED .

8.6. Die Anweisung R E M O V E   F I R S T   ((3-9))

ALLGEMEIN	ERLÄUTERUNG		BEISPIEL
REMOVE FIRST v FROM nset	v	lokale Variable	REMOVE FIRST AUTO FROM BAND
	nset	Name eines SET	REMOVE FIRST ZZ(I) FROM BOB(Y)

WIRKUNG: Die PS sucht im SET "nset" diejenige Kennadresse, welche die höchste Priorität hat und speichert die gefundene Kennadresse in der lokalen Variablen v ab; dadurch ist das von der Kennadresse bezeichnete TEN oder ENO nicht mehr MEMBER des SET "nset".

8.7. Die Anweisung REMOVE "SPECIFIC"   ((3-9))

ALLGEMEIN	ERLÄUTERUNG		BEISPIEL
REMOVE v FROM nset	v	lokale Variable	REMOVE LOK FROM BHF(I)
	nset	Name eines RANKED (!) SET	REMOVE ARB(4) FROM PROD

WIRKUNG: Die in der lokalen Variablen v abgespeicherte Kennadresse eines TEN oder ENO wird aus dem SET "nset" entnommen unabhängig davon, welche Priorität die betreffende Kennadresse im SET "nset" innehat.

Die Kennadresse muß sich im RANKED SET "nset" befinden zum Zeitpunkt, in dem die Anweisung REMOVE "SPECIFIC" ausgeführt wird.

Die PS paßt nach dem Abholen der Kennadresse aus dem SET "nset" selbständig die MEMBER- und OWNER-ATTRIBUTES der neuen Situation im SET "nset" an(zur Organisation eines SET siehe S.16-24) . Die Anweisung REMOVE "SPECIFIC" darf nicht auf ein LIFO-SET oder FIFO-SET angewandt werden. Falls trotzdem eine solche Anweisung erwünscht ist, so müssen wir das SET als RANKED-SET vereinbaren und im Bewertungsattribut (siehe S.16-24) denjenigen Zeitpunkt abspeichern, zu dem das TEN bzw. ENO ein MEMBER des SET wird.

   Operationen mit TEN,ENO,SET

9. Durchführung arithmetischer Operationen

Zur Durchführung arithm. Operationen stehen bei SIMSCRIPT die folgenden Anweisungen und
Auswahlfunktionen (AFU) zur Verfügung:

```
LET        FOR                      WITH         DO TO , LOOP , REPEAT
STORE      FOR EACH "ENTITY"        OR           DO TO "SET"
           FOR EACH v OF "SET"      AND
```

9.1. Die Anweisung L E T ((2-7))

ALLGEMEIN	ERLÄUTERUNG		BEISPIEL
LET v = aa [p1,p2,... ..,pk]	v	Variable;eine der 4 Typen (S.6-1), darf mit beliebigem arithm.Ausdruck indiziert sein,der seinerseits indexfreie Variable oder indizierte Variable mit beliebigen Indizes enthalten kann	LET BONN = B(I) + EINW LET XB(I) = A(I + EINH(I)), FOR EACH GRUP I, WITH H(T(I)) GR 5, AND TT(I) LS 6
	aa	arithm. Ausdruck, real oder integer, darf jede der 4 Typen von Variablen (S.6-1) enthalten.	
	pi	beliebige Anzahl von AFU (S.9-3), getrennt durch Kommas	

WIRKUNG: aa wird berechnet und das Ergebnis in v abgespeichert. Die AFU beeinflussen die
Ausführung der Anweisung LET .
Wenn v und aa einen unterschiedlichen MODUS haben, so gilt der MODUS von v . Das Ergebnis aa

(zunächst im MODUS von aa berechnet) wird vor der Abspeicherung in den MODUS von v umgewandelt.

Beispiel: LET X = (M + N)/L   wo M = 3 ,N = 2 ,L = 2 ; in X wird die Zahl 2.0 abgespeichert

LET I = (A + B)/C   wo A = 3.0,B = 2.0,C = 2.0; in I wird die Zahl 2 abgespeichert

Falls aa als Index eine real-Größe enthält, so wird vor der Berechnung des Ergebnisses der Index in eine ganze Zahl umgewandelt (durch Abschneiden des Dezimalteils) .

9.2. Die Anweisung S T O R E ((2-8))

ALLGEMEIN	ERLÄUTERUNG	
STORE aa IN v [,p1,p2,...,pk]	v	Variable, Eigenschaften siehe Erläuterung der Anweisung LET
	aa	arithm. Ausdruck, Eigenschaften siehe Erläuterung der Anweisung LET
	pi	beliebige Anzahl von AFU (S.9-3), getrennt durch Kommas

BEISPIEL

STORE BIRNE IN KORB(MAID)

STORE A(I) + B(I) IN
X(RR(E))

WIRKUNG: aa wird berechnet und das Ergebnis in v abgespeichert. Die AFU beeinflussen die Ausführung der Anweisung STORE .

Wenn v und aa einen unterschiedlichen MODUS haben, so gilt der MODUS v o n aa .

Diese Eigenschaft ist besonders wichtig, wenn aa die Kennadresse eines TEN oder ENO beinhaltet, weil dann diese Kennadresse als integer-Zahl in v abgespeichert wird, auch wenn v eigentlich als real-Größe vereinbart ist.

Beim Umspeichern von Kennadressen ist also die Anweisung STORE der Anweisung LET vorzuziehen.

9.3 _Die Auswahlfunktionen_

Durch eine Auswahlfunktion (AFU) läßt sich die Ausführung einer Anweisung beeinflussen; betroffen sind davon die folgenden Anweisungen:

LET	DO TO	FIND MAX	FIND FIRST	READ	WRITE ON
STORE	DO TO "SET"	FIND MIN	CALL	READ FROM	

Als AFU stehen zur Verfügung:

FOR	WITH
FOR EACH "ENTITY"	OR
FOR EACH v OF "SET"	AND

9.3.1. Die Auswahlfunktion _F O R_ ((2-6))

ALLGEMEIN	ERLÄUTERUNG		BEISPIEL
FOR v = (aa1)(aa2)[aa3]	v	indexfreie lokale Variable, real oder integer	FOR I = (1) (N)
	aa1	arithm. Ausdruck oder Zahl, gleicher Modus wie v ; gibt den <u>Anfangswert</u> für v an	FOR S = (Z) (X + 2.4*R)
	aa2	arithm. Ausdruck oder Zahl, gleicher Modus wie v ; gibt den <u>Endwert</u> für v an	FOR K = (-10) (N) (4)
	aa3	arithm. Ausdruck oder Zahl, gleicher Modus wie v ; gibt die <u>Schrittweite</u> an; stets positiv	

WIRKUNG: Die Variable v durchläuft entsprechend den Größen aa1, aa2, aa3 eine Reihe von Werten. aa3 kann entfallen und wird dann zu 1 bzw. 1.0 angenommen. aa1, aa2, aa3 werden intern errechnet, wenn es sich um arithm. Ausdrücke handelt.

Nach jeder Erhöhung der Variablen v um die Schrittweite aa3 auf den Wert v = v + aa3 prüft die PS, ob v > aa2 ist; trifft dies zu, so wird die zugehörige Anweisung nicht weiter ausgeführt. Beispiel für ineinandergeschachtelte AFU "FOR" :

    LET R(I,K) = 0.0, FOR I = (1) (N) , FOR K = (5) (M)

Hier sieht die Reihenfolge der Bearbeitung so aus : R(1,5);R(1,6);...;R(1,M); R(2,5);R(2,6); ...;R(2,M);.........;R(N,M)

9.3.2. Die Auswahlfunktion F O R E A C H "E N T I T Y" ((3-8))

ALLGEMEIN		ERLÄUTERUNG		BEISPIEL
FOR EACH ⎱		npen	Name eines PEN	FOR EACH TIER I
FOR ALL ⎬ npen v		v	lokale Variable, integer	
FOR EVERY ⎰		m	Gesamtzahl der PEN namens "npen"	
gleichwertig zu				gleichwertig zu
FOR v = (1) (m)				FOR I = (1) (NTIER)

WIRKUNG: Ausführung einer Anweisung bei allen Exemplaren eines PEN . EACH, ALL und EVERY sind gleichbedeutend. Für ein PEN "npen" bildet die PS selbständig ein PAT mit dem Namen "N-npen" (siehe S.15-4) . So wird für das PEN "TIER" (als PEN gekennzeichnet durch den Buchstaben"E"in Spalte 41 des DEFI-Formulars) intern das PAT "NTIER" gebildet, welches im DEFI-Formular nicht auftritt. "TIER" und "NTIER" haben dieselbe Feldnummer (S.16-12); unter dieser Feldnummer wird im INI-Block die Gesamtzahl der Exemplare des PEN "TIER" eingetragen und diese Zahl kann dann mit "NTIER" aufgerufen werden.

9.3.3. Die Auswahlfunktion _F_O_R_ _E_A_C_H_ _v_ _O_F_ _"_S_E_T_"_ ((3-8))

ALLGEMEIN	ERLÄUTERUNG		BEISPIEL
FOR EACH FOR ALL } v { IN OF ON AT } nset FOR EVERY	v	lokale Variable; real oder integer, solange v nicht in der von dieser AFU beeinflußten Anweisung auftritt; andernfalls muß v integer sein	FOR EACH RUF IN WART FOR ALL INT OF FREI(2) FOR EVERY Z AT SIT(IN)
	nset	Name eines SET,darf indiziert sein	

WIRKUNG: Ausführung einer Anweisung bei allen Mitgliedern eines SET. EACH, ALL und EVERY sind gleichbedeutend; dasselbe gilt für OF,IN,ON,AT .

9.3.4. Die Auswahlfunktion _W_I_T_H_ ((2-11))

ALLGEMEIN	ERLÄUTERUNG		BEISPIEL
WITH (aa1) c (aa2) oder WITH aa1 c aa2	aa1,aa2	arithm. Ausdruck;kann jede der 4 Typen von Variablen (S.6-1) enthalten und indizierte Indizes aufweisen	WITH (A+B) GE (Z)
	c	Vergleich (S.10-2)	WITH WERT(I) LS ZAHL(I)

WIRKUNG: WITH tritt auf unmittelbar hinter FOR,FOR EACH "ENTITY", FOR EACH v OF "SET" und scheidet aus diesen AFU alle diejenigen Fälle aus, die dem Vergleich nicht genügen.
Anwendungsbeispiel: LET TOTAL = TOTAL + WERT(I), FOR I = (1) (N), WITH WERT(I) LE 10.2
In allen Fällen, wo WERT(I) größer als 10.2 ist, wird die Anweisung LET nicht ausgeführt, diese Größen "WERT(I)" tragen also zu "TOTAL" nichts bei.

9.3.5. Die Auswahlfunktion _O_R_ ((2-11))

ALLGEMEIN	ERLÄUTERUNG		BEISPIEL
OR (aa1) c (aa2) oder	aa1,aa2	arithm. Ausdruck; kann jede der 4 Typen von Variablen (S.6-1) enthalten und indizierte Indizes aufweisen	OR (ZEIT(MASCH)) GR (ARBZ(MANN))
OR aa1 c aa2	c	Vergleich (S.10-2)	OR X + Y + 1.0 LS Z

WIRKUNG: erweitert eine voranstehende AFU "WITH", indem weitere Auswahlmöglichkeiten angefügt werden. Anwendungsbeispiel:

   LET A = C(I) + Y(I), FOR EACH TIER I, WITH WERT(I) GR 5.0 , OR PREIS(I) LS 4.0

Auf eine AFU "WITH" können beliebig viele AFU "OR" folgen.

Die AFU "OR" beeinflußt stets die am nächsten voranstehende AFU "WITH".

9.3.6. Die Auswahlfunktion _A_N_D_ ((2-12))

ALLGEMEIN	ERLÄUTERUNG		BEISPIEL
AND (aa1) c (aa2) oder	aa1,aa2	arithm. Ausdruck; kann jede der 4 Typen von Variablen (S.6-1) enthalten und indizierte Indizes aufweisen	AND (A+B) EQ (5.07)
AND aa1 c aa2	c	Vergleich (S.10-2)	AND C + 4.3 LS TAP

WIRKUNG: erweitert die am nächsten voranstehende AFU "WITH" oder AFU "OR" . Auf eine AFU "WITH" oder AFU "OR" können beliebig viele AFU "AND" folgen.

   Durchführung arithmetischer Operationen

Anwendungsbeispiel : eine Firma will den Wert ihrer Lager abschätzen, die in verschiedenen Städten bestehen. Berücksichtigt werden sollen dabei nur Waren, die mehr als 100.-DM kosten, sowie Waren, die zwischen 5.-DM und 100.-DM kosten und in einer Menge von mindestens 20 Stück vorrätig sind. Das Aufsummieren könnte mit der folgenden Anweisung durchgeführt werden:

```
LET WERT = 0.0
LET WERT = WERT + PREIS(WARE)*MENGE(WARE,I), FOR EACH STADT I, FOR EACH WARE OF LAGR,
          WITH PREIS(WARE) GR 100, OR PREIS(WARE) GE 5, AND MENGE(WARE) GE 20
```

2.4. Die Anweisungen DO TO, LOOP, REPEAT ((2-10))

ALLGEMEIN	ERLÄUTERUNG		BEISPIEL

[s1] DO [TO s2] ,
    p1 [,p2,...,pk]
      :
[s2] { LOOP
oder
REPEAT [s1]
	s1	Marke der Anweisung DO	DO TO 10,
			FOR I = (1) (N)
			LET A(I) = 1.0/B(I)
			10 LOOP

	s2	Marke, die das Ende der Schleife angibt	
	pi	eine oder mehrere AFU der Form FOR,FOR EACH "ENTITY", eventuell ergänzt durch die AFU WITH,OR,AND	

WIRKUNG: Die von DO und LOOP bzw. REPEAT eingeschlossenen Anweisungen werden in einer Schleife so oft durchlaufen, wie dies durch die AFU "pi" vorgegeben ist. Wenn Anfangswert und Endwert der AFU "FOR" übereinstimmen, wird die Schleife nur einmal durchlaufen; ist der Anfangswert größer als der Endwert, so wird die Schleife überhaupt nicht durchlaufen. Im oben angegebenen Beispiel wird die Schleife für jeden Wert von I einmal durchlaufen; sobald I gleich N + 1 ist, wird die auf "10 LOOP" folgende Anweisung des Programms ausgeführt.

9.5. Die Anweisung DO TO "SET" ((3-10))

ALLGEMEIN	ERLÄUTERUNG		BEISPIEL

[s1] DO [TO s2],
     FOR EACH v1
          OF nset1
     [,FOR EACH v2
          OF nset2
     ,...,FOR EACH vk
          OF nsetk]
     [,p1,p2,...,pm]
     :
[s2] { LOOP
     oder
     REPEAT [s1]
	s1	Marke der Anweisung DO	10 DO TO 20,FOR EACH
			     TYP OF WARE,
			     WITH WERT(**TYP**) LS 10
			     LET ANZ = ANZ+S(TYP)
			20 REPEAT 10

	s2	Marke, die das Ende der Schleife angibt	
	vi	lokale Variable	
	nseti	Name eines SET	
	pi	beliebige Anzahl von AFU der Form WITH,OR,AND	

WIRKUNG: Die von DO und LOOP bzw. REPEAT eingeschlossenen Anweisungen werden in einer Schleife für jede Kennadresse eines SET oder für die Kennadressen mehrerer SET durchlaufen, soweit eventuell angefügte AFU WITH,OR,AND keine Einschränkung bewirken.

10. Sprunganweisungen und Absuchbefehle

Die folgenden Anweisungen bewirken einen Sprung oder leiten einen Absuchvorgang ein:

IF (2 Wege)	GO TO (einfach)	FIND MAX	FIND FIRST
IF (3 Wege)	GO TO (errechnet)	FIND MIN	WHERE
IF EMPTY			

10.1. Die Anweisung I F (2 Wege)   ((2-9))

ALLGEMEIN
IF (aa1) c (aa2) , anw
oder
IF aa1 c aa2 , anw

ERLÄUTERUNG	
aa1,aa2	arithm. Ausdruck, real oder integer; falls aa1 und aa2 nicht denselben MODUS aufweisen, wird der integer-Ausdruck in einen real-Ausdruck umgewandelt und dann erst der Vergleich durchgeführt
c	Vergleich
anw	beliebige Anweisung

BEISPIEL
IF (Z**2)LS(Y), GO TO 51
IF ZEIT(UHR) GE ZTPKT, LET ZTPKT = TIME

WIRKUNG: Wenn der Vergleich "c" erfüllt ist, wird die Anweisung "anw" ausgeführt; andernfalls übergeht die PS die Anweisung "anw" und wendet sich der nächsten Anweisung im Programm zu.

Die zulässigen Vergleichsbedingungen sind:

SIMSCRIPT	MATHEMATISCH	ENGLISCH
GR,GT	$>$	greater than
GE	$\geq$	greater than or equal
EQ	$=$	equal to
NE	$\neq$	not equal to
LS,LT	$<$	less than
LE	$\leq$	less than or equal

10.2. Die Anweisung I F (3 Wege)   ((2-10))

ALLGEMEIN
IF (aa) , s1, s2, s3
oder
IF aa [,] s1, s2, s3

ERLÄUTERUNG	
aa	arithm. Ausdruck; darf jede der 4 Typen von Variablen (S.6-1) enthalten und indizierte Indizes aufweisen.
s1,s2, s3	Marken

BEISPIEL
IF(P(TAKT)-2.0),10,5,FF
IF A + C   N,R,5

WIRKUNG: Der Wert von "aa" wird berechnet und anschließend ein Sprung nach s1 oder s2 oder s3 durchgeführt gemäß der nachfolgenden Tabelle:

ERGEBNIS	BEWIRKT
aa $<$ 0	Sprung nach s1
aa $=$ 0	Sprung nach s2
aa $>$ 0	Sprung nach s3

Bemerkung: diese Anweisung entspricht der in FORTRAN üblichen Anweisung IF (siehe /28/; dort finden sich auch Anwendungsbeispiele) .

10.3. Die Anweisung I F E M P T Y ((3-10))

ALLGEMEIN	ERLÄUTERUNG		BEISPIEL
IF nset IS EMPTY, anw bzw. IF nset IS NOT EMPTY,anw	nset	Name eines SET	IF WART(I) IS EMPTY, GO TO 20
	anw	beliebige Anweisung	IF GRUP(BLECH) IS NOT EMPTY, REMOVE FIRST STCK FROM LAGR

WIRKUNG: Die PS überprüft, ob das SET "nset" unbesetzt ist ("...IS EMPTY") oder ob Kennadressen von TEN oder ENO in dem SET "nset" eingeordnet sind ("...IS NOT EMPTY"). Falls die in"IF ...." genannte Bedingung erfüllt ist, kommt die Anweisung "anw" zur Ausführung; andernfalls wird die Anweisung "anw" übersprungen und die PS wendet sich der nächsten Anweisung im Programm zu.

10.4. Die Anweisung G O T O (einfach) ((2-8))

ALLGEMEIN	ERLÄUTERUNG		BEISPIEL
GO [TO] s	s	Marke	GO TO 99 GO TUNI

WIRKUNG: Die PS springt zur Marke "s" .

10.5. Die Anweisung G O T O (errechnet) ((2-9))

ALLGEMEIN	ERLÄUTERUNG		BEISPIEL
GO [TO] (s1,s2,..,sk) [,] aa	si	Marke	GO TO (506,11), 1.5 + Y
	aa	arithm.Ausdruck,real oder integer	GO (7,10,3) 2*I+K

WIRKUNG: Die PS springt zur Marke "s1" oder "s2" oder ... oder "sk" jenachdem, ob der Wert von "aa"
gleich 1 oder 2 oder ... oder k ist. Sollte der Wert von "aa" außerhalb des Zahlenbereichs
von 1 bis k liegen, so wird die Durchführung des Programms a b g e b r o c h e n .
Ist der arithm. Ausdruck "aa" real, so wird der Dezimalteil abgeschnitten.

10.6. Die Anweisungen F I N D M A X und F I N D M I N ((5-5))

<table>
<tr><td colspan="2">ALLGEMEIN</td><td colspan="2">ERLÄUTERUNG</td><td>BEISPIEL</td></tr>
<tr><td colspan="2" rowspan="6">FIND v = MAX } OF aa ,
   oder MIN)
  p1 [,p2,..,pk]
 [,] [IF NONE, anw]</td><td>v</td><td>Variable</td><td rowspan="6">FIND MWERT = MAX OF
   WERT(I),
   FOR EACH WARE I</td></tr>
<tr><td>aa</td><td>arithm. Ausdruck</td></tr>
<tr><td>pi</td><td>eine oder mehrere AFU der Form FOR,
FOR EACH"ENTITY", FOR EACH v OF "SET"
eventuell ergänzt durch die AFU
WITH,OR,AND sowie durch den
Zusatz WHERE (S.10-5)</td></tr>
<tr><td>anw</td><td>beliebige Anweisung</td></tr>
</table>

WIRKUNG: Die PS ermittelt den Maximalwert ("FIND MAX") bzw. Minimalwert ("FIND MIN") des
arithm. Ausdrucks "aa", wobei "aa" eine oder mehrere Variable enthält, die in den AFU "pi"
auftreten (im Beispiel ist dies die Variable I) .

Bedeutung von "IF NONE" :Es gibt Fälle, in denen kein Maximum bzw. Minimum auffindbar ist,z.B.
wenn bei Verwendung der AFU FOR EACH v OF "SET" sich in diesem Augenblick keine Kennadresse eines
TEN oder ENO im SET befindet, oder wenn die AFU WITH,OR,AND Bedingungen stellen, die nicht
erfüllt sind; wenn also ein Maximum bzw. Minimum nicht existiert, dann sorgt "IF NONE" dafür,
daß die Anweisung "anw" ausgeführt wird; fehlt dagegen in einem solchen Fall das "IF NONE",so wird
der Variablen "v" kein Zahlenwert zugeordnet (auch nicht der Wert 0)

10.7. Der Zusatz W H E R E ((5-5))

ALLGEMEIN	ERLÄUTERUNG		BEISPIEL
WHERE w [bt]	w	Variable	WHERE MINWG KENNADRESSE
	bt	beliebiger Text ohne Kommas	DES OPTIMALEN WEGES
			WHERE AX

WIRKUNG: In der Anweisung FIND MAX bzw. FIND MIN werden die AFU abgearbeitet (z.B. "FOR I=(1)(N)")
und ein maximaler bzw. minimaler Wert für den arithm. Ausdruck "aa" gesucht (S.10-4) .
Falls nun interessiert, für welchen Wert I das Maximum bzw. Minimum auftritt, so kann durch den
Zusatz WHERE dieser Wert I in "w" abgespeichert werden.
Der Zusatz WHERE bezieht sich stets auf die vorangehende AFU FOR,FOR EACH "ENTITY" oder
FOR EACH v OF "SET", auch wenn dazwischen WITH,OR,AND eingefügt sind.
Anwendungsbeispiel: FIND BESTZ = MIN OF LAENG(WEG)*GSCHW(AUTO),
          FOR EACH WEG OF LAND,WHERE MINWG KENNADRESSE DES OPTIMALEN WEGES,
          FOR EACH AUTO OF TYP,WHERE OPTYP KENNADRESSE DES OPTIMALEN AUTOS

Hierbei sind TEN: WEG , AUTO ; SET: LAND , TYP ; TAT: LAENG , GSCHW ; lokale Variable: BESTZ ,
MINWG, OPTYP . Das gefundene Minimum tritt bei einem bestimmten TEN "WEG" und einem TEN "AUTO"
auf; die Kennadressen dieser TEN sind in "MINWG" bzw. "OPTYP" abgespeichert.
Da "IF NONE" fehlt, muß ein Minimum mit Sicherheit existieren.

10.8. Die Anweisung F I N D F I R S T ((5-6))

ALLGEMEIN	ERLÄUTERUNG		BEISPIEL

FIND FIRST [bt],
 p1 [,p2,..,pk]
   [WHERE w] [bt]
   [IF NONE,anw]
	bt	beliebiger Text ohne Kommas	FIND FIRST,FOR EACH KORB I
			 ,WITH GEW(I) GR 5
			 ,WHERE IERSTER IST DER
			 ERSTE KORB , IF NONE,
			 GO TO 99

	pi	eine oder mehrere AFU der Form FOR, FOR EACH "ENTITY" oder FOR EACH v OF "SET" , ergänzt durch die AFU WITH und eventuell durch OR,AND	
	w	Variable	FIND FIRST KOMBINATION VON I UND K, FOR I = (1)(N1),WHERE IX, FOR K = (1)(N2),WHERE KX, WITH X(I) LE 5, AND Y(K) GR 7
	anw	beliebige Anweisung	

WIRKUNG: Entsprechend den Angaben in den AFU "pi" wird ein Absuchvorgang ausgelöst und beendet, sobald die in WITH und eventuell angefügten OR,AND genannten Bedingungen erstmals erfüllt sind. Anders als bei "FIND MAX" und"FIND MIN" spielt hier also die Absuch-Reihenfolge eine Rolle für das Ergebnis. Der Zusatz WHERE ist nicht bei jedem FOR,FOR EACH "ENTITY" oder FOR EACH v OF "SET" erforderlich. Wenn "IF NONE" verwendet wird, kann das davorstehende Komma entfallen.

Im ersten Beispiel wird "IERSTER" gleich dem Wert von I gesetzt, sobald"GEW(I)"größer als 5 ist. Im zweiten Beipiel erhält die Variable "IX" den Wert von I und die Variable "KX" den Wert von K, sobald beim Absuchen von X(I) und Y(K) die Kombination eintritt, bei der X(I)$\leq$5 und Y(K)>7 ist. Dabei durchläuft die Größe K "schneller"ihren Wertebereich als die Größe I (vgl. S.9-4). Da im zweiten Beispiel "IF NONE" fehlt,muß mit Sicherheit eine solche Kombination von X und Y existieren.

11. Eingabe- und Ausgabe-Befehle, Bandbefehle

- D a t e n e i n g a b e erfolgt bei SIMSCRIPT mit sogenannten INI-Karten (abgelocht nach den
  Angaben des INI-Formulars, siehe S.17-1) und im weiteren Verlauf der Simulation mit dem
  Tape für EXOG EVENTS . Außerdem steht noch die Anweisung READ FROM zur Verfügung .
- D a t e n a u s g a b e wird vom REPORT GENERATOR (siehe S.14-1) besorgt oder durch die
  Anweisung WRITE ON .

In diesem Kapitel werden die folgenden Anweisungen besprochen:

SAVE	READ FROM	ADVANCE	ENDFILE
READ	WRITE ON	BACKSPACE	
FORMAT		REWIND	

11.1. Das Tape für E X O G E V E N T S ((4-1))

Während ENDOG EVENTS durch eine sogenannte EVENT NOTICE (ENO) im "inneren Kalender"
vorgemerkt werden, kommt bei EXOG EVENTS das Tape für EXOG EVENTS zur Anwendung. Es wird mit
einer Folge von Karten vorbereitet, die angeben, in welcher Reihenfolge und mit welchen
zusätzlichen Daten die verschiedenen EXOG EVENTS im Verlauf der Simulation auftreten. Jedes
EXOG EVENT ist durch eine Kennziffer in der EVENT-Liste (S.13-8) markiert.
Für jeden Zeitpunkt, zu dem ein EXOG EVENT stattfinden soll (auch wenn ein und dasselbe
EXOG EVENT mehrmals auftritt) muß eine EVENT-Karte nach folgender Norm abgelocht werden:

SPALTE	INHALT	BEISPIEL
1..3	Kennziffer des EXOG EVENT	Das EXOG EVENT mit der Kennziffer 1 soll am
4..7	Tag } an dem das	5. Tag (simulierte Uhrzeit!) um 14.30h
8..10	Stunde des Tages } EXOG EVENT	stattfinden:
11,12	Minute der Stunde d. Tages) auftritt	
13..72	Zusätzliche Eingabedaten, falls erwünscht; andernfalls leer	

Die Formulierung des Unterprogramms EXOG EVENT ist in S.13-2 beschrieben.

Zusätzliche Daten werden mit der EVENT-Karte in Spalte 13..72 oder/und mit angefügten Datenkarten in Spalte 1..72 eingelesen (siehe S.11-3) .

BEISPIEL für eine Folge von EVENT-Karten (die Reihenfolge wird durch die Zeitangabe in Spalte 4..12 bestimmt!) :

```
7    9  0  0
1    5 2210   .233 8.4   100    2.20
3    1  0  5
1    0 15 4 2.559 3.78   55    1.104
5    0  0  2
```

11.2. Die Anweisung S A V E ((4-5))

ALLGEMEIN	ERLÄUTERUNG		BEISPIEL
SAVE [bt]	bt	beliebiger Text	SAVE SAVE ZUSATZDATEN

WIRKUNG: Diese Anweisung tritt nur in Verbindung mit der Anweisung READ auf, welche ihrerseits
nur in einem Unterprogramm EXOG EVENT stehen darf (siehe unten) . Die Anweisung SAVE zeigt an,
daß bereits auf der EVENT-Karte, beginnend in Spalte 13, Daten stehen; fehlt die Anweisung SAVE
vor der Anweisung READ, so beginnt das Einlesen von Daten in Spalte 1 derjenigen Datenkarte, die
hinter der EVENT-Karte eingeordnet ist. Anwendungsbeispiel: Einlesen von X und K

SAVE ZUSAETZLICHE DATEN

READ X,K

FORMAT (D1.4,I6)

11.3. Die Anweisung R E A D ((4-4))

ALLGEMEIN	ERLÄUTERUNG		BEISPIEL
READ v1,v2,...,vk [,p1,p2,...,pm]	vi	Variable;eine der 4 Typen (S.6-1), darf beliebig indiziert sein	READ X,Y,Z
	pi	beliebige Anzahl von AFU der Form FOR,FOR EACH "ENTITY", FOR EACH v OF "SET", eventuell ergänzt durch die AFU WITH,OR,AND	READ A(I),B(I), FOR I = (1) (N)

WIRKUNG: Es werden Daten vom EXOG EVENT-Tape eingelesen. Die Anweisung READ tritt nur im Unterprogramm EXOG EVENT auf (siehe S.13-2). Die einzulesenden Daten beginnen auf der EVENT-Karte,

wenn eine Anweisung SAVE vorangestellt wurde (siehe S.11-3) oder auf der Datenkarte, die hinter der EVENT-Karte eingefügt ist.

Auf jede Anweisung READ muß unmittelbar eine Anweisung FORMAT (siehe unten) folgen, die angibt, wieviele Spalten jeder einzulesenden Variablen zugeordnet sind.

Bei der Verwendung der AFU "pi" ist darauf zu achten, daß die Daten auch wirklich gemäß der AFU in der entsprechenden Reihenfolge auf dem EXOG EVENT-Tape stehen.

Die Anweisung READ darf nur verwendet werden, um in einem Unterprogramm EXOG EVENT Daten vom EXOG EVENT-Tape einzulesen; wenn Daten von anderen Tapes einzulesen sind, so ist hierfür die Anweisung READ FROM (S.11-10) vorgesehen.

11.4. Die Anweisung F O R M A T ((2-13))

ALLGEMEIN	ERLÄUTERUNG		BEISPIEL
FORMAT [k] (fb1,fb2,... ...,fbk)	k	beliebige Konstante	FORMAT(I6,D5.5)
	fb1	Feldbeschreibung; jeweils einer Variablen zugeordnet, die in einer Anweisung READ,READ FROM oder WRITE ON auftritt	FORMAT 6(I4)

WIRKUNG: Die Anweisung FORMAT beschreibt die Feldweite (d.h. die zur Darstellung vorgesehene Spaltenzahl) für Variable, die in einer Anweisung READ,READ FROM oder WRITE ON enthalten sind. Die beliebige Konstante "k" gibt an, wie oft das vereinbarte Format auf e i n e r Datenkarte nebeneinander angeordnet ist; "k" kann weggelassen werden und wird dann als 1 angenommen.
Formatgrenzen: Wenn die Anweisung FORMAT nach der Anweisung READ steht (beim Einlesen vom EXOG EVENT-Tape,siehe S.11-1), so können maximal nur 60 (wenn Daten auf der EVENT-Karte stehen) bzw. 72 Spalten in der Anweisung FORMAT für 1 Karte vereinbart werden. Nach der Anweisung

WRITE ON wird die Anzahl der in einer Anweisung FORMAT maximal möglichen Spaltenvereinbarung nur durch die Länge des Tape-Abschnittes begrenzt, auf den die Daten geschrieben werden sollen.
Anwendungsbeispiel für "k":   READ X(I),Y(I), FOR I = (1) (N)
                    FORMAT 6(I5,I5)   oder   FORMAT 6(2I5)

N sei 17; dann stehen jeweils 6 Paare "X(I),Y(I)" nebeneinander auf einer Datenkarte, außer im Fall der dritten Datenkarte, in der nur die ersten 5 Paare beim Einlesen berücksichtigt werden. Im gezeigten Beispiel wäre die folgende Anweisung FORMAT falsch: FORMAT 12(I5) , und zwar deshalb, weil innerhalb der Klammern einer Anweisung FORMAT stets für j e d e Variable (hier also für X u n d Y) eine Feldbeschreibung einzusetzen ist; gleichgroße Feldbeschreibungen (hier I5) dürfen i n n e r h a l b der Klammern zusammengefaßt werden.

Als Feldbeschreibung stehen zur Verfügung:

FELDBESCHREIBUNG	BEDEUTUNG ENGLISCH	BEDEUTUNG DEUTSCH
I,J	integer	ganze Zahl
D	decimal	Dezimalzahl
H	decimal hours	Dezimalstunden
M	days, hours,minutes	Tage:Stunden:Minuten
A	alphanumeric	alphanumerisch
S	skip	Auslassung von Spalten
text,'text'	Hollerith (for output only)	Hollerith (nur für Datenausgabe)
Ø	octal	oktal
/	skip a line	Auslassung einer Zeile

11.4.1. _Die_Feldbeschreibung _I,J_ ((2-14))

ALLGEMEIN	ERLÄUTERUNG		BEISPIEL
aIb	a	Anzahl aufeinanderfolgender Felder; kann entfallen und wird dann zu 1 angenommen	6I5 2I11 J3
	b	Anzahl der Spalten in einem Feld (Feldweite); darf nicht weggelassen werden	

BEMERKUNG: Die Feldweite für eine integer-Größe darf beliebig angegeben werden, beim Einlesen werden jedoch maximal nur die niedersten 10 Stellen berücksichtigt. Ablochbeispiele finden sich in /28/,S. IX,3 .

11.4.2. _Die_Feldbeschreibung _D_ ((2-14))

ALLGEMEIN	ERLÄUTERUNG		BEISPIEL
aDb.c	a	Anzahl aufeinanderfolgender Felder; kann entfallen und wird dann zu 1 angenommen	2D6.1 5D2.2
	b	Stellenzahl links des Dez.punkts; beliebig; maximal werden nur die niedersten 10 Stellen eingelesen.	D5.4
	c	Stellenzahl rechts des Dez.punkts; maximal 10	

BEMERKUNG: Der Dezimalpunkt ist bei Eingabedaten stets zu lochen. Daher gilt für die Feldweite w:

w = b + c + 1 . Fehlt in der Formatbeschreibung D der Dezimalpunkt und "c" (z.B. D4) , so wird
FORMAT (Db.O) angenommen, d.h. bei D4 wird die Feldweite w = 5 bereitgestellt .

11.4.3. Die Feldbeschreibung _H_   ((2-15))

ALLGEMEIN	ERLÄUTERUNG		BEISPIEL
aHb.c	a	Anzahl aufeinanderfolgender Felder; kann entfallen und wird dann zu 1 angenommen	2H6.5 H1.3
	b	Stellenzahl links des Dez.punkts	
	c	Stellenzahl rechts des Dez.punkts	H4

BEMERKUNG: Die PS verrechnet intern die simulierte Uhrzeit stets in Dezimaltagen. Manchmal ist es
jedoch bequemer, zur Ein- und Ausgabe von Zeitgrößen die Dezimalstunde zu verwenden; hierzu dient
die Feldbeschreibung H . Bei der Umwandlung von Dezimalstunden in Dezimaltage und umgekehrt
werden 24h/Tag zu Grunde gelegt, wenn dem internen PAT "HOURS" (siehe S.15-2) nicht vom
Programmierer ein anderer Wert zugewiesen wurde.
Für die maximalen Werte von "b" und "c" gelten dieselben Regeln wie bei der Feldbeschreibung D;
außerdem gilt für die Feldweite: w = b + c + 1 ; bei H4 ist w = 5 .

11.4.4. Die Feldbeschreibung _M_   ((2-15))

ALLGEMEIN	ERLÄUTERUNG		BEISPIEL
aMb	a	Anzahl aufeinanderfolgender Felder;	3M8
aMc.b	b	Stellenzahl für die vollen Minuten	M2.4
aMd.c.b	c	Stellenzahl für die vollen Stunden	5M4.7.1
	d	Stellenzahl für die vollen Tage	

BEMERKUNG: Falls die Ein- und Ausgabe von Zeitgrößen nicht in Dezimaltagen, sondern in vollen Tagen, vollen Stunden und vollen Minuten erfolgen soll, so ist die Feldbeschreibung M hierzu geeignet. Bei der Umwandlung legt die PS 24h/Tag und 60min/h (simulierte Zeit!) zu Grunde, wenn der Programmierer den Systemvariablen "HOURS" und "MINS" (siehe S.15-2) keinen anderen Wert zugewiesen hat. Die Genauigkeit bei der Umwandlung beträgt 1 "Minute", d.h. 1 Einheit der Systemvariablen "MINS" . Intern werden jedoch die Dezimaltage mit Maschinengenauigkeit verarbeitet. Die Zahlen für Tage, Stunden, Minuten werden durch einen Punkt voneinander getrennt.

Anwendungsbeispiel: Eingegeben wird der Zeitpunkt "6.Tag zur 14. Stunde in der 29. Minute" auf eine Datenkarte mit "6.14.29" ; hierzu lautet dann die Feldbeschreibung "M1.2.2" ; falls die Daten jedoch als "06.14.029" abgelocht sind, muß die Feldbeschreibung "M2.2.3" verwendet werden.

HINWEIS: In SIMSCRIPT ist der Begriff "Tag", "Stunde", "Minute" nur als Name einer Variablen aufzufassen und steht in k e i n e m Zusammenhang mit der tatsächlichen Rechenzeit des Programms!

11.4.5. Die Feldbeschreibung A   ((2-16))

ALLGEMEIN	ERLÄUTERUNG		BEISPIEL
aAb	a	Anzahl aufeinanderfolgender Felder kann entfallen und wird dann zu 1 angenommen	3A5
	b	Spaltenzahl eines Feldes; max. 10	A10

BEMERKUNG: Da jedes alphanumerische Feld in einem Ganzwort abgespeichert wird, gibt "a" an, wieviele Ganzworte bereitgestellt werden.

Falls b>10 ist, werden beim Einlesen nur die am weitesten rechts stehenden 10 Zeichen berücksichtigt. Falls b≦10 ist, wird die Eingabegröße als linksbündiges BCD-Wort (binary coded decimal) abgespeichert; ungenutzte Spalten des Feldes sind dann als Leerstellen gespeichert.

11.4.6. Die Feldbeschreibung _S_ ((2-16))

ALLGEMEIN	ERLÄUTERUNG		BEISPIEL
Sb	b	Anzahl der Spalten, die übersprungen werden	S5

BEMERKUNG: Hiermit lassen sich beim Einlesen oder bei der Ausgabe "b" Stellen auf einem Tape-Abschnitt überspringen, z.B. wenn dort Daten stehen, die momentan nicht interessieren.

11.4.7. Die Feldbeschreibung _Hollerith_ ((2-16))

ALLGEMEIN	ERLÄUTERUNG		BEISPIEL
h1,h2,...,hk oder 'h1,h2,...,hk!	hi	Hollerithzeichen in beliebiger Anzahl; Zwischenraum möglich, jedoch kein "*"	*ENDERGEBNIS* 'TYPISCHER WERT'

BEMERKUNG: Diese Feldbeschreibung ist nur für die Ausgabe zulässig. Der Compiler erkennt die notwendige Feldweite durch Abzählen der Hollerithzeichen.

11.4.8. Die Feldbeschreibung _Ø_ ((2-17))

ALLGEMEIN	ERLÄUTERUNG		BEISPIEL
aØb	a	Anzahl aufeinanderfolgender Felder; kann entfallen und wird dann zu 1 angenommen	2Ø7
	b	Anzahl der Oktalstellen je Feld	

BEMERKUNG: Die Feldweite "b" darf beliebig angegeben werden; beim Einlesen werden jedoch nur die niedersten 20 Stellen berücksichtigt. Falls b< 20 ist, werden die restlichen Stellen mit Nullen "aufgefüllt" .

11.5. Die Anweisung R E A D F R O M ((2-12))

ALLGEMEIN	ERLÄUTERUNG		BEISPIEL
READ FROM [TAPE] aa, v1,v2,...,vk [,p1,p2,...pm]	aa	arithm. Ausdruck, der die File-Nummer bezeichnet (1..61)	READ FROM TAPE 5, A(I),B(I),C(I), FOR I = (1)(N)
	vi	einzulesende Variable	
	pi	beliebige Anzahl von AFU der Form FOR,FOR EACH v OF "SET", FOR EACH "ENTITY" eventuell ergänzt durch die AFU WITH,OR,AND	READ FROM M + 2, STCK,WERT

WIRKUNG: Vom angegebenen File "aa" werden Daten eingelesen. Die Anweisung READ FROM darf nicht für das EXOG EVENT-Tape (siehe S.11-1) angewandt werden; dort ist die Anweisung READ (siehe S.11-3) zu verwenden. Als nächste Anweisung muß auf die Anweisung READ FROM stets die Anweisung FORMAT (S.11-4) folgen. Die File-Nummer 60 ist für Eingabedaten und die File-Nummer 61 für Ausgabedaten vorgesehen. Der arithm. Ausdruck "aa" darf durch die AFU "pi" nicht verändert werden.

11.6. Die Anweisung WRITE ON ((2-12))

ALLGEMEIN	ERLÄUTERUNG		BEISPIEL
WRITE ON [TAPE] aa, v1,v2,...,vk [,p1,p2,...,pm]	aa	arithm. Ausdruck, der die File- Nummer bezeichnet (1..61)	WRITE ON 4,A(L), FOR L = (2)(M)
	vi	Variable	
	pi	beliebige Anzahl von AFU der Form FOR,FOR EACH "ENTITY", FOR EACH v OF "SET", eventuell ergänzt durch die AFU WITH,OR,AND	WRITE ON TAPE L + K, LISTE (M,N), FOR EACH SACHE M, FOR EACH JAHR N

WIRKUNG: Daten werden auf jedes beliebige Tape (außer auf das EXOG EVENT-Tape) geschrieben; als nächste Anweisung muß auf die Anweisung WRITE ON stets eine Anweisung FORMAT (S. 11-4) folgen. Wenn Daten auf Tape 61 geschrieben werden, so erscheinen sie im Ausgabeprotokoll.

11.7. Die Anweisung ADVANCE ((2-17))

ALLGEMEIN	ERLÄUTERUNG		BEISPIEL
ADVANCE [TAPE] aa1,aa2 {RECORD bzw. RECORDS oder FILE bzw. FILES	aa1	arithm. Ausdruck;gibt File-Nummer an	ADVANCE 3,L+K FILES
	aa2	arithm. Ausdruck;gibt an, wieviele RECORDS oder END-OF-FILES beim Vorrücken des Tape übersprungen werden sollen	ADVANCE TAPE L, 1 RECORD

WIRKUNG: Das Tape "aa1" wird um "aa2" RECORDS oder um "aa2" Files weitertransportiert.

11.8. Die Anweisung BACKSPACE ((2-17))

ALLGEMEIN	ERLÄUTERUNG		BEISPIEL
BACKSPACE [TAPE] aa1,aa2 {RECORD bzw. RECORDS oder FILE bzw. FILES	aa1	arithm. Ausdruck;gibt File-Nummer an	BACKSPACE TAPE 5, 1 FILE
	aa2	arithm. Ausdruck;gibt an, wieviele RECORDS oder END-OF-FILES beim Zurücksetzen des Tape übersprungen werden sollen	BACKSPACE K+4, M+N RECORDS

WIRKUNG: Das Tape "aa1" wird um "aa2" RECORDS oder um "aa2" Files zurückgesetzt.
Wenn die Anzahl der Files angegeben ist, so wird das Tape um "aa2" END-OF-FILE-Marken zurückgesetzt und dann an den Beginn desjenigen File gesetzt, das auf die zuletzt übersprungene END-OF-FILE-Marke folgt. Im ersten Beispiel befinde sich Tape 5 am Beginn eines File; dann bewirkt die Anweisung BACKSPACE, daß die benachbarte END-OF-FILE-Marke passiert wird und anschliessend das Tape wieder an den Beginn des ursprünglichen File gesetzt wird; die Lage des Tape ist also in diesem Fall unverändert.

11.9. Die Anweisung REWIND ((2-17))

ALLGEMEIN	ERLÄUTERUNG		BEISPIEL
REWIND [TAPE] aa	aa	arithm. Ausdruck;gibt File-Nummer an	REWIND TAPE L+1

WIRKUNG: Das Tape wird bis zu File "aa" zurückgespult.

11.10. Die Anweisung ENDFILE ((2-17))

ALLGEMEIN	ERLÄUTERUNG		BEISPIEL
ENDFILE [TAPE] aa	aa	arithm. Ausdruck;gibt File-Nummer an	ENDFILE 7

WIRKUNG: Eine END-OF-FILE-Marke wird am Ende von Tape "aa" angebracht.

BEMERKUNG: - Mit Tape wird in Anlehnung an die früher übliche Magnetbandtechnik ein Speicher-
medium (Band oder Platte) bezeichnet.
- Mit File wird ein Bandabschnitt oder ein Teil einer Magnetplatte bezeichnet,
der durch die END-OF-FILE-Marke gekennzeichnet ist. Der deutsche Begriff für File
lautet "Datei" .
- Mit RECORD wird ein Teil eines File bezeichnet. Der deutsche Begriff für RECORD
lautet "Datensatz" .

12. Sonstige Anweisungen

In diesem Kapitel werden die folgenden Anweisungen behandelt:

ACCUMULATE   COMPUTE   STOP   DIMENSION   COMPASS-Einfügung

12.1. Die Anweisung A C C U M U L A T E   ((5-6))

a) Lange Form

ALLGEMEIN
ACC[UMULATE] x1,x2,..,xn
INTO b1,b2,..,bn
SINCE c1,c2,..,cn
,POST
oder   aa1,aa2,..,aas
,ADD

ERLÄUTERUNG	
xi	Variable, real
bi	Variable, real
ci	Zeitgröße, real
aai	arithm. Ausdruck, real

BEISPIEL
ACC A,B,C INTO
SCHA,SCHB,SCHC SINCE
LETZA,LETZB,LETZC,
ADD -1.0,
POST BT,CT

WIRKUNG: Die Anweisung ACCUMULATE bildet das Integral der Größe "xi" über der simulierten Zeit. Wie BILD 12-2 zeigt, kann die Veränderung der Größe "xi" als "Gebirge" über der Zeitachse dargestellt werden (als xi kann man sich die Anzahl der Wartenden in einer Warteschlange vorstellen). In der Variablen "bi" wird der Integralwert der Größe "xi" abgespeichert bis zum Zeitpunkt TIME (= Zeitpunkt, zu dem die Anweisung ACCUMULATE ausgeführt wird). Die Größe "ci" gibt an, wann die letzte "Bilanz" über der Zeitachse stattgefunden hat. Nach der Integralbildung kann die Variable "xi" verändert werden durch Hinzufügen von "POST" (setzt xi = aai)   oder

"ADD" (setzt xi = xi + aai) ; im Beispiel wird also gesetzt: A = A - 1.0   , B = BT , C = CT

In Kurzschreibweise lassen sich die Rechenschritte so darstellen:

1. bi = bi + xi*(TIME - ci) → entspricht der Addition der Flächen //// und |||| in BILD 12-2
2. ci = TIME
3. xi = aai (bei "POST")
    xi = xi + aai (bei "ADD")

Die "aai" entsprechen der Reihe nach den "xi". Wenn die Gesamtzahl s der "aai" kleiner als n ist, so bleiben die letzten n-s Variablen "xi" unverändert.

Der Größe "cOi" (siehe BILD 12-2) ist ein Wert zuzuweisen, bevor das allererste Integral gebildet wird, außer in den Fällen, wenn "cOi" mit dem Nullpunkt der Zeitachse zusammenfällt.

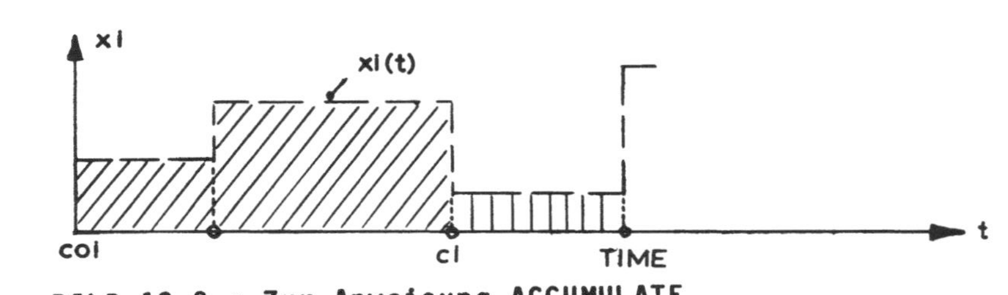

BILD 12-2 : **Zur Anweisung ACCUMULATE**

b) Kurze Form

ALLGEMEIN	ERLÄUTERUNG		BEISPIEL
ACCUMULATE] x1,x2,..,xn INTO b1,b2,..,bn ALL SINCE v [,POST oder aa1,aa2,..,aas] [,ADD	xi	Variable, real	ACC PERS(WART),AUTO(WART) INTO SCHLP,SCHLA ALL SINCE TNULL, ADD -4.0,-1.0
	bi	Variable, real	
	v	Zeitgröße;gibt einen früheren Zeitpunkt an; real	
	aai	arithm. Ausdruck, real	

<u>WIRKUNG</u>: Wie bei der langen Form; die kurze Form ist sinnvoll, wenn alle "ci" gleich sind, d.h. wenn die Veränderungen an allen "xi" sich stets zum selben Zeitpunkt vollziehen.

<u>12.2.</u> <u>Die Anweisung</u> C O M P U T E ((5-4))

ALLGEMEIN	ERLÄUTERUNG		BEISPIEL

COMPUTE v1[v2,..,v7]
 = sf1[sf2,..,sf7]
  OF aa,
  p1[p2,..,pm]
	vi	Variable,beliebiger Typ (siehe S.6-1)	COMPUTE MX,SX,VX
			 = MEAN,STD-DEV,
			  VARIANCE
			  OF X(I),
			  FOR EACH HAUS I

	sfi	statistische Funktion	
	aa	arithm. Ausdruck	
	pi	beliebige Anzahl von AFU der Form FOR,FOR EACH "ENTITY",FOR EACH v OF "SET", eventuell ergänzt durch die AFU WITH,OR,AND	

<u>WIRKUNG</u>: Die AFU "p1" bis "pm" stellen für"aa"die Werte bereit, welche gemäß den statistischen Funktionen "sfi" ausgewertet werden; das Ergebnis jeder statistischen Funktion "sfi" wird in der zugehörigen Variablen "vi" abgespeichert; die "sfi" und "vi" entsprechen also einander der

Reihe nach. Zur Verfügung stehen die folgenden statistischen Funktionen:

SIMSCRIPT	MATHEMATISCHE BEDEUTUNG	STATISTISCHER BEGRIFF
NUMBER	n	Stichprobenumfang,hängt ab von den AFU
SUM	$\sum\limits_{i=1}^{n} x_i$	Summe
MEAN	$\sum\limits_{i=1}^{n} \dfrac{x_i}{n} = \bar{x}$	Mittelwert
SUM-SQUARES	$\sum\limits_{i=1}^{n} (x_i)^2$	Summe der Quadrate
MEAN-SQUARE	$\sum\limits_{i=1}^{n} \dfrac{(x_i)^2}{n} = \overline{x^2}$	Mittelwert der Quadrate
VARIANCE	$\sum\limits_{i=1}^{n} \dfrac{(x_i - \bar{x})^2}{n} = \overline{x^2} - (\bar{x})^2$	Varianz , Streuungsquadrat
STD-DEV	$\sqrt{\overline{x^2} - (\bar{x})^2}$	Dispersion , Streuung , Standardab- weichung

Im Beispiel auf S.12-3 werden also die folgenden Werte abgespeichert:

In MX steht der Mittelwert von X(I) , in SX steht die Streuung von X(I) und in VX
befindet sich die Varianz von X(I) , und zwar berechnet für I = 1 bis I = NHAUS (vgl. S. 9-4) .

12.3. Die Anweisung S T O P ((2-8))

ALLGEMEIN	ERLÄUTERUNG		BEISPIEL
STOP [bt]	bt	beliebiger Text	STOP PROGRAMM

WIRKUNG: Beendet die Durchführung des Programms; die PS kehrt zum SCOPE-Betriebssystem zurück.

12.4. Die Anweisung D I M E N S I O N ((2-6))

ALLGEMEIN	ERLÄUTERUNG		BEISPIEL
DIMENSION v1(k1), v2(k2),..,vn(kn)	vi	lokale Variable	DIMENSION A(5),B(10,3)
	ki	maximaler Wert der Indizes,ange-geben mit 1, 2 oder 3 Konstanten (integer), getrennt durch Kommas	DIMENSION VORPL(3,3,2)

WIRKUNG: Für jede l o k a l e indizierte Variable muß, bevor sie in Rechenoperationen verwendet wird, die Anzahl der Elemente vereinbart werden; indizierte PAT , werden bereits im DEFI- und INI-Formular als indexbehaftet gekennzeichnet und benötigen keine Anweisung DIMENSION.

Maximal sind drei Indizes für eine lokale Variable zulässig.

12.5. COMPASS-Einfügung ((5-8))

Das Programmieren in SIMSCRIPT gewinnt an Flexibilität durch die Möglichkeit, gewisse Programmteile in der Maschinensprache COMPASS einzufügen. Zur Kennzeichnung eines Compass-Befehls wird in Spalte 1 ein X,U,V,W oder * gelocht. Sobald der SIMSCRIPT-Compiler auf eine Karte mit z.B. "X" in Spalte 1 trifft, ersetzt er das "X" durch eine Leerspalte und speichert die Karte auf dem SIMBCD-File ab. Die Marke einer COMPASS-Einfügung (z.B. "1","TAG" siehe unten) kann von SIMSCRIPT oder von einer anderen COMPASS-Zeile aus angesprungen werden. Von SIMSCRIPT ist die Marke erreichbar, wenn im COMPASS-Text (Ziel) vor die Marke ein XX gesetzt wird (also "XX1" , "XXTAG") und wenn im SIMSCRIPT-Text (Start) die Marke ohne XX erwähnt wird (,da der SIMSCRIPT-Compiler XX hinzufügt) . Für die Größen in COMPASS gelten dieselben Regeln bezüglich des MODUS wie bei SIMSCRIPT : I,J,K,L,M,N am Wortanfang kennzeichnet eine integer-Größe, alle anderen Buchstaben bezeichnen eine real-Größe. Weitere Einzelheiten über COMPASS siehe CDC-Manual für COMPASS (Bestellnummer 60190900) .

Beispiel für eine COMPASS-Einfügung:

```
             IF NAME EQ 1, GO TO 10
             IF ABLE EQ 5.0, GO 100
          10 IF K-3 1, TAG, 3            gleichbedeutend mit
   XXX1      SA1    I      )
   X         BX6    X1     }            1    LET K = I
   X         SA6    K      }                 GO TO 3
   X         EQ     XX3    )
   XXXTAG    SA1    J      )            gleichbedeutend mit
   X         BX6    X1     }
   X         SA6    K      )            TAG LET K = J
           3 LET NAME = 2
                   .
                   .
   XNAME     CON    1
   XABLE     CON    5.0
```

13. EVENT-Unterprogramme und andere Unterprogramme

In SIMSCRIPT gibt es Unterprogramme (UP), die vom Benutzer geschrieben werden, und solche,
die von der PS intern gebildet werden.
In diesem Kapitel werden die folgenden Programmteile beschrieben:

        EXOG EVENT   EVENT-Liste
        ENDOG EVENT   SYSTEM-Gruppe
        SUBROUTINE   interne UP
        FUNCTION   MAIN-Programm

13.1. Das Unterprogramm EXOG EVENT

Das UP EXOG EVENT wird aufgerufen entsprechend den Eintragungen im EXOG EVENT-Tape (S.11-1) ;
die dort vermerkten Zeitangaben sind im inneren Kalender ebenfalls notiert, in dem auch die
ENDOG EVENTS vorgemerkt werden. Ist die simulierte Zeit soweit vorgeschritten, daß das EXOG EVENT
als nächstes EVENT im inneren Kalender ansteht (vgl. BILD 5-1), so springt die innere Uhr auf den
in der EVENT-Karte angegebenen Zeitpunkt und ruft das UP EXOG EVENT auf. Dieses UP kann auf keine
andere Weise aufgerufen werden (also auch nicht durch eine Anweisung CALL im Programmtext!) .
Falls ein EXOG EVENT und ein ENDOG EVENT zum selben Zeitpunkt im inneren Kalender eingeplant
sind, so wird das UP E X O G EVENT als erstes ausgeführt.
In jedem Simulationsprogramm ist mindestens ein EXOG EVENT notwendig; dieses EXOG EVENT löst den
Beginn der Simulation aus.

Das UP EXOG EVENT beginnt mit der Anweisung   EXOGENOUS EVENT: ((4-4))

ALLGEMEIN	ERLAUTERUNG		BEISPIEL
EXOG[ENOUS] EVENT nex	nex	Name des EXOG EVENT; 1..6 Buchstaben oder Ziffern (kein XX); muß in der EVENT-Liste vereinbart sein; beginnt mit einem Buchstaben	EXOGENOUS EVENT SIMEIN EXOG EVENT BILANZ

Tritt im UP EXOG EVENT die Anweisung READ auf, so werden Daten vom EXOG EVENT-Tape eingelesen; dabei können diese Daten auf der EXOG-EVENT-Karte beginnen (dann ist vor der Anweisung READ die Anweisung SAVE zu setzen, siehe S.11-3) oder auf der Datenkarte hinter der EVENT-Karte. Die PS beendet die Ausführung des EXOG EVENT, sobald im UP EXOG EVENT die Anweisung RETURN auftritt; anschließend wird das nächste EVENT (EXOG oder ENDOG) aus dem inneren Kalender ausgeführt (vgl. BILD 5-1) .

ALLGEMEIN	ERLÄUTERUNG		BEISPIEL
RETURN [bt]	bt	beliebiger Text	RETURN ZUM KALENDER

Die Anweisung RETURN kann an mehreren Stellen eines UP gesetzt werden (z.B. am Ende von Verzweigungen) .

Am sogenannten "physikalischen Ende" , d.h. als letzte Anweisungszeile in einem UP EXOG EVENT muß die Anweisung END gesetzt werden:

ALLGEMEIN	ERLÄUTERUNG		BEISPIEL
END [bt]	bt	beliebiger Text	END DES EXOG EVENT EPS

13.2. Das Unterprogramm ENDOG EVENT ((4-3))

Die erste Anweisung eines UP ENDOG EVENT ist die Anweisung ENDOGENOUS EVENT:

ALLGEMEIN	ERLÄUTERUNG		BEISPIEL
ENDOG[ENOUS] EVENT nen	nen	Name des ENDOG EVENT;1..5 Buch-staben (kein XX) oder Ziffern;Name muß in der EVENT-Liste und als ENO im DEFI-Formular vereinbart sein	ENDOG EVENT RUF ENDOGENOUS EVENT BRUCH

AUFRUF: Durch eine vorausgegangene Eintragung des ENO im inneren Kalender ; hierzu dient die Anweisung CAUSE (S.8-3) .

Die PS kehrt zum inneren Kalender zurück, sobald sie im UP ENDOG EVENT auf die Anweisung RETURN trifft. Als allerletzte Anweisung im UP ENDOG EVENT muß die Anweisung END angefügt werden.

13.3. Das SUBROUTINE-Unterprogramm ((2-3))

Die erste Anweisung eines SUBROUTINE-Unterprogramms ist die Anweisung SUBROUTINE:

ALLGEMEIN	ERLÄUTERUNG		BEISPIEL
SUBROUTINE nsr (a1, a2,..,ak)	nsr	Name der SUBROUTINE ; 1..7 Buchstaben oder Ziffern (kein XX)	SUBROUTINE WERTUNG
	ai	Argumente (formale Parameter), können entfallen	SUBROUTINE ALF(X,Y)

AUFRUF: durch die Anweisung CALL .

Die Argumente "ai" sind lokale Variable (siehe S.6-1) des UP .

Die PS kehrt zum aufrufenden Programmteil zurück, sobald die Anweisung RETURN im SUBROUTINE-UP auftritt. Die letzte Zeile im SUBROUTINE-UP bildet die Anweisung END .

13.3.1. Die Anweisung C A L L   ((2-4))

ALLGEMEIN	ERLÄUTERUNG		BEISPIEL
CALL nsr (b1,b2,..,bk) [p1,p2,...,pk]	nsr	Name der aufgerufenen SUBROUTINE	CALL EX(A,B,Z(I)) FOR EACH TEST I
	bi	Argumente (aktuelle Parameter)	
	pi	beliebige Anzahl von AFU der Form FOR,FOR EACH "ENTITY", FOR EACH v OF "SET", eventuell ergänzt durch die AFU WITH,OR,AND	

Die Argumente "bi" der Anweisung CALL dienen zum Transport von Daten; dabei gibt es 3 Fälle:

VORGANG	DATENFLUSS	AKTUELLE PARAMETER "bi"
– Zahlenwert wird vom rufenden Programmteil zur SUBROUTINE transportiert	rufender Programmteil ⟶ aufgerufene SUBROUTINE	Konstante arithm. Ausdruck lokale Variable Argument (siehe S.6-2) ATTRIBUTE
– Zahlenwert wird in der SUBROUTINE ermittelt und dann zum rufenden Programmteil transportiert	⟵	lokale Variable Argument Name eines ATTRIBUTE mit 1 vorangestellten Sternchen
– Zahlenwert wird vom rufenden Programmteil in die SUBROUTINE transportiert, dort verändert und kehrt anschließend wieder in den rufenden Programmteil zurück	⟷	lokale Variable Argument Name eines ATTRIBUTE mit 2 vorangestellten Sternchen

Anwendungsbeispiel für die Anweisung CALL :

```
SUBROUTINE TRANS
LET GRUND = 0.0
CALL RUF(GRUND)
RETURN
END

SUBROUTINE RUF(X)
CALL ANTW(LOC,X,A+100.0,**BEF(ROT))
RETURN
END

SUBROUTINE ANTW(I,A,B,J)
LET I = 10
LET A = 20.0
LET J = 30
   :
   :
RETURN
END
```

WIRKUNG:

"LET I = 10" verändert den Zahlenwert von
LOC in der SUBROUTINE RUF;
"LET A = 20.0" verändert den Wert von GRUND
in der SUBROUTINE TRANS;
"LET J = 30" verändert den Wert des
ATTRIBUTE "BEF(ROT)" für das nachfolgende
Programm, sobald die PS von der
SUBROUTINE ANTW zur SUBROUTINE RUF
zurückgekehrt ist.

13.4. Das FUNCTION-Unterprogramm   ((2-5))

Ein solches UP errechnet nur einen einzigen Zahlenwert, der von der PS an diejenige Stelle im
Programm gesetzt wird, wo der Name des FUNCTION-UP auftritt. Es können FUNCTION-UP in FORTRAN
verwendet werden oder eigene FUNCTION-UP in SIMSCRIPT geschrieben werden.

13.4.1. FUNCTION-Unterprogramme in FORTRAN

Zur Verfügung stehen die auf S.25-1 aufgelisteten Bibliotheksfunktionen von FORTRAN (maximal 6 Argumente zulässig) und FORTRAN EXTENDED (erweiterte Version von FORTRAN; beliebig viele Argumente zulässig); die letzteren sind dadurch gekennzeichnet, daß ihr Name mit "$" endigt .

BEISPIEL: "LET X = SQRT(Y)" in FORTRAN, oder "LET X = SQRT$(Y)" in FORTRAN EXTENDED .

Der Aufruf einer Bibliotheksfunktion bewirkt die folgende interne Befehlsserie in COMPASS :

- bei FORTRAN:

```
SB1     ARG1
 .       .
 .       .
SB6     ARG6
EXT     "Name der FUNCTION"
RJ      "Name der FUNCTION"
```

- bei FORTRAN EXTENDED:

```
SA1     *+2
RJ      "Name der FUNCTION"
EQ      *+2+N
VFD     42/0,18/ARG1
 .       .
 .       .
VFD     42/0,18/ARGN
VFD     42/0,18/0
```

N = Anzahl der Arg.

13.4.2. FUNCTION-Unterprogramme in SIMSCRIPT

Im Gegensatz zu den oben genannten FUNCTION-Unterprogrammen (Bibliotheksfunktionen von FORTRAN und FORTRAN EXTENDED) ist bei einem vom Programmierer in SIMSCRIPT geschriebenen FUNCTION-UP der Name und MODUS des FUNCTION-UP im DEFI-Formular einzutragen (S.16-33) .

Die erste Anweisung eines FUNCTION-UP in SIMSCRIPT ist die Anweisung FUNCTION :

ALLGEMEIN	ERLÄUTERUNG		BEISPIEL
FUNCTION nf (a1,a2,..ak)	nf	Name des FUNCTION-UP, muß im DEFI-Formular vereinbart sein	FUNCTION HALB(A,B)
	ai	Argumente (formale Parameter)	

AUFRUF: durch die Erwähnung des Namens des FUNCTION-UP im Programmtext.

Die Anweisung RETURN bewirkt, daß die PS zu demjenigen Programmteil zurückkehrt, der die Berechnung des FUNCTION-UP veranlaßte.

Die letzte Anweisung in einem FUNCTION-UP in SIMSCRIPT ist die Anweisung END .

Der Aufruf eines FUNCTION-UP in SIMSCRIPT bewirkt die folgende interne Befehlsserie in COMPASS :

```
    SB6       N
  + SB7       *+1
    EXT       G-Name des FUNCTION-UP
    RJ        G-Name des FUNCTION-UP
  + JP        *+1+N
    VFD       42/0,18/ARG1
    .             .
    .             .
    .             .
    VFD       42/0,18/ARGN
```

N = Anzahl der Argumente

13.5. Die EVENT-Liste ((4-2))

Der Name jedes im Programm vorgesehenen EXOG und ENDOG EVENT ist in der EVENT-Liste aufzuführen.
Diese Liste wird von der PS bei Eintragungen in den inneren Kalender benötigt. Die Worte der
EVENT-Liste stehen in Spalte 7..72, wobei es gleichgültig ist, in welcher von diesen Spalten
das erste Zeichen steht.

ALLGEMEIN	ERLÄUTERUNG		BEISPIEL
EVENTS	n	Anzahl der UP EXOG EVENT	EVENTS
n EXOG[ENOUS]	exi	Name eines UP EXOG EVENT	3 EXOGENOUS
ex1 (N)	N,M,L	Kennziffer (nur bei EXOG EVENT),	SIMEIN (6)
ex2 (M)		ganze Zahl	WARTEN (2)
...			ABLESE (3)
exn (L)	m	Anzahl der UP ENDOG EVENT	2 ENDOGENOUS
m ENDOG[ENOUS]	eni	Name eines UP ENDOG EVENT	RUF
en1			LOES
en2			END
...			
enm			
END			

Die Kennziffern der UP EXOG EVENT müssen nicht irgendeine Reihenfolge aufweisen; sie dienen
lediglich zur eindeutigen Bezeichnung des UP EXOG EVENT für die EVENT-Karte (S.11-1) .
Es können auch zuerst die UP ENDOGENOUS EVENT und dann die UP EXOG EVENT aufgelistet werden.
Der Programmierer darf die EVENT-Liste an beliebiger Stelle im Programm wie ein UP einfügen.

13.6. Die SYSTEM-Gruppe

Jenachdem, ob ein Simulationsprogramm oder ein Problem ohne Simulation vorliegt, wird vom Compiler ein entsprechendes UP zur Kennzeichnung dieses Sachverhaltes bereitgestellt. Hierzu genügt es, das Wort "SIMULATION" (bei einem Simulationsprogramm)

bzw.   "NON-SIMULATION" (bei Problemen ohne Simulation)

an eine beliebige Stelle zwischen Spalte 7..72 zu schreiben und diese Karte ins Programm einzufügen, als wäre dies ein selbständiges UP .

13.7. Interne Unterprogramme

Für jedes im DEFI-Formular erwähnte ENTITY,ATTRIBUTE und SET wird selbständig vom Compiler ein oder mehrere interne UP gebildet; im Einzelnen gilt:

GRÖSSE	INTERNE UP FÜR	AUFRUF DURCH
TEN,ENO	Bereitstellung und Auflösung des Speicherbezirks für die zugehörigen ATTRIBUTES	CREATE ; DESTROY
ENO	Eintragen oder Streichen im inneren Kalender	CAUSE ; CANCEL
PEN	Ablesen des intern definierten Systemattributes "N-npen", wo npen = Name eines PEN ; "N-npen" gibt an, wieviele Exemplare des PEN "npen" vereinbart sind	Nennung von "N-npen" im Programmtext ; AFU FOR EACH "ENTITY"
TAT,PAT	Abspeichern oder Auslesen der Zahlenwerte	Nennung des ATTRIBUTE-Namen im Programmtext
SET	Einordnen und Herausholen der Kennadressen	FILE ; REMOVE FIRST; REMOVE "SPECIFIC"

13.8. Das MAIN-Programm

Wenn ein Problem ohne Simulation gelöst werden soll, so entfällt die EVENT-Liste und der Programmierer schreibt statt der einzelnen EVENT-UP _ein_ Hauptprogramm "MAIN", welches der PS den Beginn des Programms anzeigt. Dieses MAIN-Programm entspricht der Formulierung "PROGRAM" in FORTRAN. Im Anschluß an das MAIN-Programm folgen die Unterprogramme im Programmtext.

In einem Programm darf nur ein einziges MAIN-Programm enthalten sein.

Das MAIN-Programm wird ausgeführt, sobald der INI-Block (S.17-1) eingelesen ist.

Die erste Anweisung des MAIN-Programms ist die Anweisung MAIN :

ALLGEMEIN	ERLÄUTERUNG		BEISPIEL
MAIN [bt]	bt	beliebiger Text	MAIN PROBLEM1

Die letzte Anweisung im MAIN-Programm bildet die Anweisung END .

14. REPORT-Formular   ((6-1))

14.1. Allgemeines

Der REPORT-GENERATOR erstellt auf der Grundlage des REPORT-Formulars Unterprogramme für die Datenausgabe.

In einem SIMSCRIPT-Programm dürfen beliebig viele verschiedene REPORTS enthalten sein; ein REPORT darf von einem Programm mehrmals aufgerufen werden.

Auf S.14-2 ist das REPORT-Formular abgebildet. Es enthält einige Kontrollspalten und 131 Druckspalten. Jede Z e i l e des Formulars wird durch z w e i 80-spaltige Lochkarten realisiert, die jedoch jeweils nur von Spalte 1 bis 72 (!) gelesen werden. Die Karten werden paarweise hintereinander gesteckt, wobei stets die linke Karte vor der zugehörigen rechten Karte einer Zeile anzuordnen ist. Jeder Parameter, Variable, Feld etc. kann von Spalte 72 (!) der linken Karte auf Spalte 1 der zugehörigen rechten Karte fortgesetzt werden.

Der Grau-Ton einiger Zeilen im Formular soll die Orientierung für das Auge erleichtern und hat keine Bedeutung für den REPORT.

Ein REPORT kann in SECTIONS (Teilbereiche) aufgeteilt werden, z.B. wenn mehrere Listen mit unterschiedlichem Format auszudrucken sind.

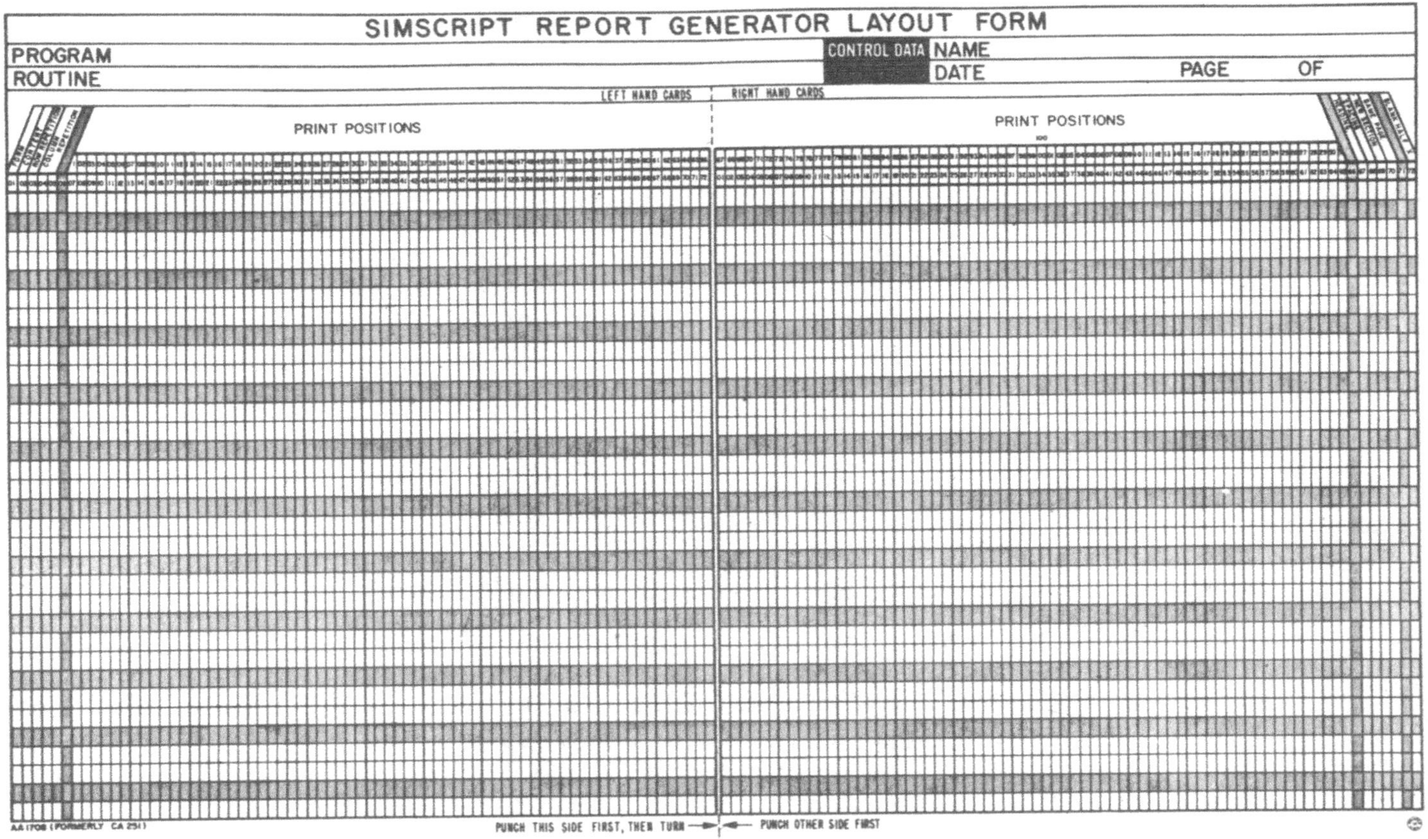
SIMSCRIPT REPORT GENERATOR LAYOUT FORM

PROGRAM

ROUTINE

CONTROL DATA NAME

DATE PAGE OF

LEFT HAND CARDS | RIGHT HAND CARDS

PRINT POSITIONS

PRINT POSITIONS

AA 1708 (FORMERLY CA 251)

PUNCH THIS SIDE FIRST, THEN TURN → ← PUNCH OTHER SIDE FIRST

14 — 2 REPORT-Formular

14.2. Das Ausfüllen des REPORT-Formulars

<u>DIE ERSTE EINTRAGUNG</u> im REPORT-Formular ist die Anweisung REPORT, die in die Druckspalten der linken Karte geschrieben wird; die Aufzählung der Argumente darf auf der rechten Karte fortgesetzt werden.

ALLGEMEIN	ERLÄUTERUNG		BEISPIEL
REPORT nrep (a1,a2,..,ak)	nrep	Name des REPORT; 1..6 Buchstaben (kein XX) oder Ziffern, beginnend mit einem Buchstaben	REPORT RESULT
	ai	formale Parameter; stets lokale Variable des REPORT, deren Wert vom aufrufenden Programmteil zum REPORT transportiert wird	REPORT ERG(N,X,T)

<u>DER AUFRUF</u> des REPORT erfolgt mit der Anweisung "CALL nrep (b1,b2,..,bk)" wobei die aktuellen Parameter "bi" dieser Anweisung aus arithm. Ausdrücken bestehen können, die lokale Variable und/ oder Systemvariable enthalten .

<u>DIE LETZTE EINTRAGUNG</u> im REPORT-Formular besteht aus dem Wort "END" , welches in die Druckspalten der l i n k e n und der r e c h t e n Karte je einmal eingetragen wird; die Anweisung RETURN tritt im REPORT-Formular nicht auf, weil es keine Verzweigung gibt und somit der REPORT stets bis zur letzten Zeile abgearbeitet wird.
In der letzten Zeile dürfen außer den beiden Worten "END" keine weiteren Eintragungen stehen.

DIE KONTROLLSPALTEN tragen die folgenden Überschriften:

linke Karte, in Spalte   1   FORM   rechte Karte, in Spalte 67 HEADING
                         2   CONTENT   68 SPACING
                         3   ROW REPETITION   69 NEW SECTION
                      4, 5   COLUMN REPETITION   70 SAME PAGE
                                                                    72 BLANK HALF

14.2.1. _Die_Kontrollspalte für _F_O_R_M_ (linke_Karte,Spalte 1)_ ((6-4))

EINTRAGUNG: beliebiges Zeichen

BEDEUTUNG: Markierung einer "FORM-Zeile" ; die FORM-Zeile enthält **Text** für die Datenausgabe
sowie Markierung derjenigen Druckspalten, in denen ganze Zahlen, Dezimalzahlen oder alphanumerische Daten gedruckt werden sollen. Die Variablen oder Funktionen, deren Wert abgedruckt
wird, sind in der nachfolgenden CONTENT-Zeile (siehe S.14-7) angegeben.

EINZELHEITEN:
T E X T : kann an jeder gewünschten Stelle in die Druckspalten geschrieben werden und erscheint
          dann an der entsprechenden Stelle der Datenausgabe. Erlaubt sind als Text alle
          Zeichen (siehe S.18-2) außer dem Sternchen "*" .
G A N Z E Z A H L E N : gekennzeichnet durch ein "*" an den Stellen, wo die EINER gedruckt
          werden sollen; links neben das Sternchen können noch weitere Sternchen (ohne Zwischen-
          raum) gesetzt werden, um die Feldweite deutlich zu machen. Alle Leerspalten links
          der Sternchen gehören zum Feld der ganzen Zahl. Die Feldweite kann zwar beliebig groß
          sein, aber der maximale Wert einer ganzen Zahl (lokale Variable oder Systemvariable)
          beträgt "999 999 999" . Daher werden mehr als 9 Sternchen nebeneinander als Mehrfach-
          Feld aufgefaßt : ********** wird von der PS gelesen als FORMAT(I9,I1) !

<u>BEISPIEL</u> für die Zuordnung von Sternchen und Feldern:

<u>BILD</u> 14-5 : Felder für ganze Zahlen

im REPORT-Formular und

in der Ergebnisliste

Das kleinste Feld für eine ganze Zahl besteht aus 2 Spalten (1 Sternchen mit links angrenzender Leerspalte); Felder mit der Feldweite 1 sind jedoch denkbar, wenn die einzelnen Sternchen durch Text getrennt sind oder wenn ein einzelnes Sternchen in Druckspalte 01 bzw. im Anschluß an 9 Sternchen gesetzt ist.

Führende Nullen werden beim Ausdrucken weggelassen.

D E Z I M A L Z A H L E N : gekennzeichnet durch den <u>Dezimalpunkt</u> an der gewünschten Stelle der

Druckzeile, sowie Sternchen an allen Dezimalstellen rechts des Dezimalpunktes und

ein Sternchen links des Dezimalpunktes. Links können für die Zehner, Hunderter etc.

noch zusätzliche Sternchen gesetzt werden, jedoch muß mindestens 1 Leerspalte als

Grenze zum links benachbarten Feld freibleiben. <u>Sonderfälle</u>:

- rechts des Dezimalpunktes steht kein Sternchen; es wird nur der abgeschnittene

  ganzzahlige Anteil der Dezimalzahl sowie der Dezimalpunkt ausgedruckt.

- links des Dezimalpunktes steht kein Sternchen; nur der Dezimalpunkt sowie die

  Dezimalstellen werden ausgedruckt.

BEISPIEL für die Zuordnung von Sternchen und Feldern:

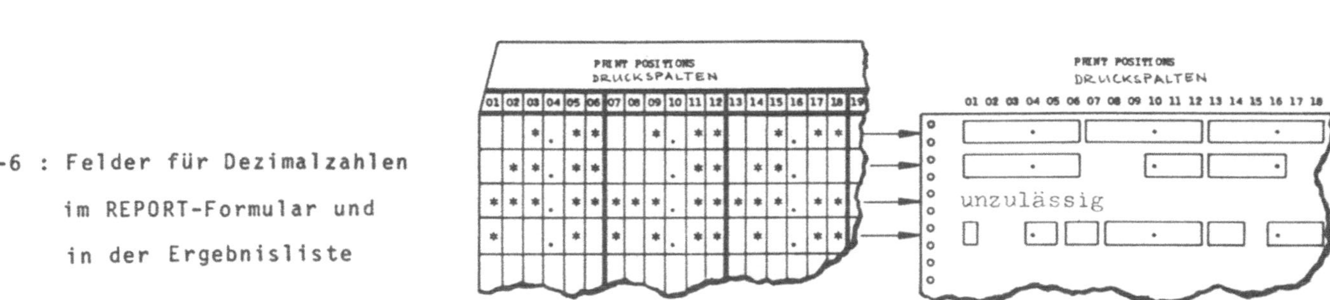

BILD 14-6 : Felder für Dezimalzahlen

im REPORT-Formular und

in der Ergebnisliste

A L P H A N U M E R I S C H E Daten: gekennzeichnet durch Sternchen in jeder Druckspalte des
Feldes der Variablen (kann als real oder integer vereinbart sein!) , welche die
alphanumerischen Daten beinhaltet, wobei der Buchstabe "A" mindestens einmal statt
eines Sternchens stehen muß.
Maximale Feldlänge: 8 Zeichen
Minimale Feldlänge: 2 Zeichen ("A" mit beigefügtem Sternchen; ein alleinstehendes "A"
würde als Text gedeutet!)
alphanumerische Felder können ohne Zwischenraum nebeneinander stehen; eine solche
Folge von Feldern wird stets von links nach rechts als Folge von 8-Zeichen-Feldern
gedeutet, wobei natürlich das am weitesten rechts gelegene Feld weniger als 8 Zeichen
haben kann.

BEISPIEL für die Zuordnung von Sternchen und Feldern:

BILD 14-7 : Felder für alphanumerische
            Daten im REPORT-Formular
            und in der Ergebnisliste

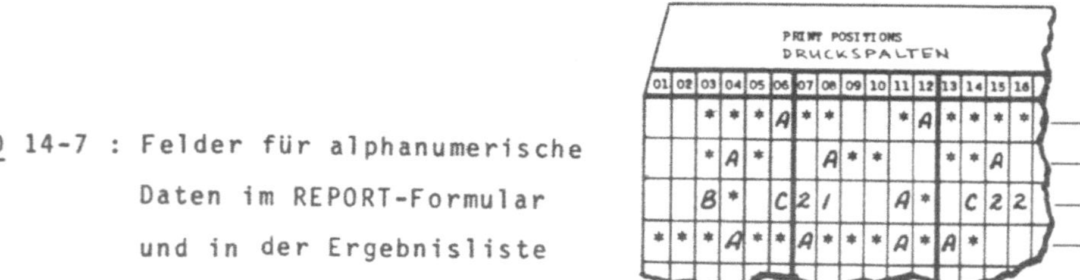

HINWEIS : Die L e e r s p a l t e n zwischen den oben genannten Feldern dürfen nur entfallen, wenn dadurch keine zweideutigen Fälle entstehen. Nichterlaubt ist z.B.

 "*AB" - weil "*A" als alphanumerisches Feld oder "AB" als Text gedeutet würde;
 "A.*" - weil ".*" als Feld für eine Dezimalzahl oder "A." als Text gedeutet würde;
 "*.C" - weil "*." als Feld für eine Dezimalzahl oder ".C" als Text gedeutet würde;

Enthält eine FORM-Zeile Sternchen, so ist in der unmittelbar nachfolgenden CONTENT-Zeile anzugeben, welche Variablen oder Funktionen ausgedruckt werden sollen.

14.2.2. Die Kontrollspalte für C O N T E N T (linke Karte, Spalte 2)   ((6-5))

EINTRAGUNG: beliebiges Zeichen

BEDEUTUNG : Markierung einer "CONTENT-Zeile" ; die CONTENT-Zeile enthält Angaben darüber, welche Variablen oder Funktionen in jedem einzelnen Sternchenfeld der vorangegangenen FORM-Zeile ausgedruckt werden sollen.

EINZELHEITEN:
V A R I A B L E : lokale Variable oder Systemvariable, indiziert oder indexfrei; als lokale Variable
        können nur die Parameter der Anweisung REPORT auftreten oder Variable in den AFU FOR,
        FOR EACH "ENTITY", FOR EACH v OF "SET" .
F U N K T I O N E N : möglich sind FUNCTION-UP in FORTRAN oder SIMSCRIPT (siehe S.13-5) oder
        interne UP (siehe S.13-9) .
Die Variablen und Funktionen entsprechen der Reihe nach den Sternchenfeldern der vorangehenden FORM-Zeile und sind durch mindestens einen Zwischenraum oder ein Komma zu trennen.
Obwohl dies nicht erforderlich ist, schreiben wir aus Gründen der Übersichtlichkeit jede Variable oder Funktion unter das zugehörige Sternchen-Feld, soweit der Platz ausreicht; möglicherweise reicht eine einzige CONTENT-Zeile für eine FORM-Zeile nicht aus; dann bilden wir **weitere** CONTENT-Zeilen, indem wir bei jeder fortsetzenden CONTENT-Zeile wiederum eine Markierung in Spalte 2 setzen; der Name einer Variablen oder Funktion darf jedoch nicht zwischen zwei CONTENT-Zeilen aufgeteilt werden, wohl aber zwischen der linken und rechten Karte in ein und derselben CONTENT-Zeile.
Bei COLUMN-REPETITION (S.14-10) wird das abzudruckende Zeilenelement in Klammern gesetzt - vgl. Beispiel S. 14-16, Ziff. 7) und 10)

14.2.3. Die Kontrollspalte für R O W   R E P E T I T I O N (linke Karte, Spalte 3)   ((6-7))

EINTRAGUNG: beliebiges Zeichen

BEDEUTUNG : Markierung einer "ROW REPETITION-Zeile" ; diese Zeile wird verwendet beim Ausdrucken einer Tabelle mit veränderlicher Anzahl waagerechter Reihen.

EINZELHEITEN:

Ist durch eine FORM-Zeile und eine nachfolgende CONTENT-Zeile im REPORT-Formular angegeben, aus welchen Größen sich eine waagerechte Reihe einer Ergebnistabelle zusammensetzt, so kann in der ROW REPETITION-Zeile vereinbart werden, wieviele waagerechte Reihen des angegebenen Formates nacheinander zu drucken sind. Zu diesem Zweck stehen in der ROW REPETITION-Zeile eine oder mehrere AFU FOR, FOR EACH "ENTITY" , FOR EACH v OF "SET" , eventuell ergänzt durch die AFU WITH,OR,AND . Für e i n e FORM-Zeile darf nur e i n e Folge von AFU verwendet werden; reicht die erste ROW REPETITION-Zeile nicht aus, so werden weitere ROW REPETITION-Zeilen wiederum in Spalte 3 markier

In jeder REPORT-SECTION (siehe S.14-11) darf nur 1 Tabelle mit veränderlicher Anzahl waagerechter Reihen auftreten.

Falls eine Druckseite nicht ausreicht, um alle waagerechten Reihen einer Tabelle zu drucken, so wird auf der nächsten Druckseite fortgesetzt, wobei die Eintragungen in den Kontrollspalten für HEADING und SPACING eine Rolle spielen (S.14-10 ,14-11).

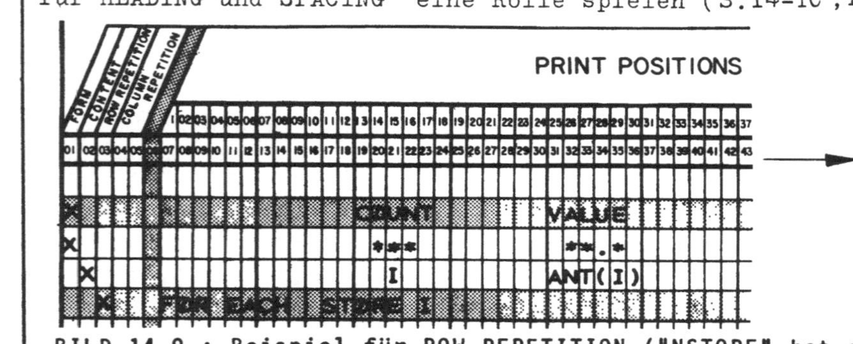

BILD 14-9 : Beispiel für ROW REPETITION ("NSTORE" hat den Wert 4)

14.2.4. _Die_Kontrollspalten_für_ C O L U M N _R_E_P_E_T_I_T_I_O_N_ (linke_Karte,Sp.4,5)_((6-8))

EINTRAGUNG: ganze Zahl, rechtsbündig geschrieben

BEDEUTUNG : Kennzeichen für eine "COLUMN REPETITION-Zeile" ; diese Zeile ist nützlich beim
Ausdrucken einer Tabelle mit veränderlicher Anzahl senkrechter Reihen; zusammen mit der
ROW REPETITION-Zeile können so Tabellen mit veränderlicher Anzahl von Elementen in der senk-
rechten und waagerechten Reihe gedruckt werden (vgl. Beispiel "Magisches Quadrat", S.14-22) .
Die g a n z e Z a h l in den Kontrollspalten 4 und 5 gibt an, wieviele senkrechte Reihen
auf einer Druckseite maximal ausgedruckt werden sollen.

EINZELHEITEN:
Die COLUMN REPETITION-Zeile enthält wie die ROW REPETITION-Zeile eine oder mehrere AFU der Form
FOR,FOR EACH "ENTITY", FOR EACH v OF "SET", eventuell ergänzt durch die AFU WITH,OR,AND .
Durch diese AFU wird ausgewählt, welche senkrechten Reihen einer Tabelle ausgedruckt werden
sollen (die ausgewählten senkrechten Reihen werden beim Drucken nebeneinander gesetzt) . Anwen-
dungsbeispiel siehe S.14-14 .
Die COLUMN REPETITION-Zeile muß bei Bedarf unmittelbar auf die Anweisung REPORT folgen oder die
erste Zeile einer neuen REPORT-SECTION sein; in jeder REPORT-SECTION ist nur eine COLUMN
REPETITION-Zeile zulässig; sie bleibt für die gesamte REPORT-SECTION gültig.
Wird die COLUMN REPETITION-Zeile ohne eine nachfolgende ROW REPETITION-Zeile verwendet, so
setzen sich die senkrechten Reihen (in diesem Fall jeweils nur aus 1 Element bestehend!) auf
derselben Druckseite weiter unten fort.

14.2.5. _Die_Kontrollspalte_ für _H_E_A_D_I_N_G_ (rechte Karte,Spalte_67)_ ((6-6))

EINTRAGUNG: leer,1,2,3 (siehe nächste Seite!)

BEDEUTUNG : gibt bei einer FORM-Zeile an, welche Seiten einer REPORT-SECTION mit dieser FORM-Zeile bedruckt werden sollen.

EINZELHEITEN:

Die Bedeutung der Eintragungen zeigt die folgende Tabelle:

EINTRAGUNG	DIE ZUGEHÖRIGE FORM-ZEILE WIRD GEDRUCKT AUF
leer	jede Seite der REPORT-SECTION
1	die erste Seite der REPORT-SECTION
2	alle Seiten der REPORT-SECTION mit Ausnahme der ersten Seite
3	jede Seite der REPORT-SECTION solange, bis die AFU der nachfolgenden ROW REPETITION-Zeile erfüllt sind

14.2.6. Die Kontrollspalte für S P A C I N G (rechte Karte, Spalte 68) ((6-6))

EINTRAGUNG: leer;0,1,..,9 (siehe unten)

BEDEUTUNG : gibt bei einer FORM-Zeile an, wieviele Leerzeilen auf diese FORM-Zeile beim Ausdrucken folgen sollen.

EINZELHEITEN:

Leerspalte oder "0" bedeutet, daß keine Leerzeile folgen soll .

14.2.7. Die Kontrollspalte für N E W S E C T I O N (rechte Karte, Spalte 69) ((6-6))

EINTRAGUNG: beliebiges Zeichen

BEDEUTUNG : Kennzeichen einer neuen REPORT-SECTION, d.h. Möglichkeit für eine neue AFU in einer COLUMN REPETITION-Zeile oder ROW REPETITION-Zeile (siehe S.14-9 und 14-10) .

EINZELHEITEN:

Ein REPORT kann in zwei oder mehr REPORT-SECTIONS aufgeteilt werden. Im REPORT-Formular muß die

erste Zeile (FORM-Zeile) einer neuen REPORT-SECTION in der Kontrollspalte für NEW SECTION gekennzeichnet sein. Die erste Zeile einer neuen REPORT-SECTION steht auf einer neuen Druckseite, wenn nicht
die Kontrollspalte für SAME PAGE verwendet wird.

14.2.8. Die Kontrollspalte für S A M E   P A G E (rechte Karte, Spalte 70) ((6-7))

EINTRAGUNG: beliebiges Zeichen

BEDEUTUNG : Kennzeichen dafür, daß ein REPORT oder eine REPORT-SECTION n i c h t auf einer neuen
Druckseite ausgedruckt wird.

EINZELHEITEN:
Soll ein REPORT oder eine REPORT-SECTION auf derselben Druckseite abgedruckt werden wie der vorherige REPORT oder die vorherige REPORT-SECTION, so muß im REPORT-Formular die Kennzeichnung von
SAME PAGE erfolgen
- in derjenigen Zeile, die auf die Anweisung REPORT folgt oder
- in der Zeile, die mit der Kontrollspalte für NEW SECTION den Beginn einer neuen REPORT-SECTION
  angibt.

14.2.9. Die Kontrollspalte für B L A N K H A L F (rechte Karte, Spalte 72) ((6-2))

EINTRAGUNG: beliebiges Zeichen

BEDEUTUNG : kennzeichnet eine rechte Karte im REPORT-Formular, deren Spalten 1..71 leer sind .

EINZELHEITEN:
Das REPORT-Formular besteht aus Zeilen, die jeweils durch eine linke und eine rechte Karte dargestellt werden; ist die rechte Karte nicht für Eintragungen verwendet, so sorgt die Markierung in
der Kontrollspalte für BLANK HALF dafür, daß diese "Leerkarte" trotzdem als Teil des
REPORT-Formulars gekennzeichnet ist.

14.2.10. Die Seitennummerierung ((6-7))

Hierzu dient das intern definierte Systemattribut "PAGE", welches zu Beginn der Simulation intern gleich 1 gesetzt wird und stets um 1 zunimmt, sobald eine Seite der Datenausgabe gedruckt ist. Der Wert des Systemattributs "PAGE" kann im Programm an beliebiger Stelle verändert werden; er läßt sich ausdrucken durch eine FORM-Zeile mit nachfolgender CONTENT-Zeile, siehe REPORT-Beispiel auf S.14-15 .

14.2.11. Unterdrückung von Text bzw. Zahlen ((6-8))

ALLGEMEIN	ERLÄUTERUNG		BEISPIEL
*(e1,e2,...,ek) einzutragen in die CONTENT-Zeile	ei	- Name einer Variablen, deren Wert in der zugehörigen FORM-Zeile abgedruckt wird, oder - zwei Spaltennummern der Druckspalten in der zugehörigen FORM-Zeile, getrennt durch "-"	*(A,SUMME) *(120-123) *(X(I),90-100,T(I))

WIRKUNG: Das Drucken von "ei" wird unterdrückt, bis die AFU der COLUMN-REPETITION-Zeile abgearbeitet ist. Die Anwendung dieser Unterdrückung von Text bzw. Zahlen ist besonders nützlich bei Additionstabellen (vgl. REPORT-Beispiel auf S.14-15) .

14.2.12. Die maximale Zeilenzahl je Seite ((6-6))

Diese Größe ist in dem intern definierten Systemattribut "LINES" abgespeichert und wird zu Beginn der Simulation gleich 55 gesetzt. Der Programmierer kann diesen Wert abändern in der SYSTEM-SPECITICATION-Karte (siehe S.17-1) oder durch eine Anweisung im Programm, die vor dem Aufruf des REPORT ausgeführt wird, z.B. "LET LINES = 50" .

   REPORT-Formular

14.2.13. Die Kurzzeichen des COMPILER ((6-9))

Während der Übersetzung eines REPORT-Formulars verbindet der COMPILER Spalte 7..72 der linken
Karte mit Spalte 1..65 der rechten Karte einer Formularzeile und bildet daraus eine Gesamtzeile;
anschließend gibt der COMPILER den Inhalt von Spalte 1..5 der linken Karte sowie von Spalte 67..70

der rechten Karte derselben Formularzeile in Form von Kurzzeichen wieder:

KURZZEICHEN	FÜR	KONTROLLSPALTE
F		FORM
C		CONTENT
R		ROW REPETITION
CR		COLUMN REPETITION
H		HEADING
S		SPACING
NS		NEW SECTION
SP		SAME PAGE

Die Gesamtzeile und die zugehörigen
Kurzzeichen werden auf den Ausgabe-File
geschrieben und erscheinen daher im
Ausgabeprotokoll anschließend an den
Programmtext.

14.3. REPORT-Beispiel 1 für ROW REPETITION und COLUMN REPETITION ((6-10))

Das simulationsfreie Programm soll eine Tabelle der Größe VAL(I,J) aufstellen, wobei gilt

VAL(I,J)= 1000*I + J ; es sei COLUM = 12 (Anz. der senkr. Reihen) und ROW = 50 (Anz. der waagr. Reihen)

Für die Darstellung der Ergebnisse dient das REPORT-Formular auf S.14-15;die einzelnen Zeilen des
REPORT-Formulars sind zur Kennzeichnung am linken Rand beziffert . Erklärung siehe S. 14-16

REPORT-Formular zu REPORT-Beispiel 1

ZEILE	BEDEUTUNG
1	Name des REPORT
2	COLUMN-REPETITION-Zeile: auf <u>einer</u> Druckseite werden maximal 8 senkrechte Reihen der Tabelle gedruckt
3	FORM-Zeile: Der Wert des ATTRIBUTE "PAGE" (Seitenzahl) wird in die Druckspalten 126,127 gedruckt. Nach der Seitenzahl soll eine Leerzeile eingefügt werden.
4	CONTENT-Zeile: gibt an, daß in der FORM-Zeile der Wert der Größe PAGE abgedruckt wird.
5	FORM-Zeile: für die Überschrift; anschließend 4 Leerzeilen .
6,7	FORM-Zeile und CONTENT-Zeile für das Wort "COLUM" und die laufende Nummer der senkrechten Tabellenreihen. Das Wort "TOTAL" wird infolge von "*(109-131)" unterdrückt, bis alle senkrechten Reihen dargestellt sind; es folgt eine Leerzeile.
8,9,10	FORM-Zeile für das Wort "ROW" und die Werte von VAL(I,J), die neben die laufende Nummer der waagerechten Reihe gedruckt werden. Durch " *(TOTL(I)) " wird das Abdrucken der Größe "TOTL(I)" solange unterdrückt, bis alle senkrechten Tabellenreihen gedruckt sind.
11	ROW REPETITION-Zeile für die I = 50 waagerechten Tabellenreihen. Da eine Druckseite 55 Zeilen enthält und im Beispiel 11 Zeilen für Überschriften vorgesehen sind, bleiben 44 Zeilen zum Abdrucken der Tabellenwerte; die restlichen 6 waagerechten Reihen werden daher auf der folgenden Druckseite ausgedruckt.
12	Leerzeile
13,14	FORM-Zeile und CONTENT-Zeile für die Addition "SUM(J)" einer senkrechten Tabellenreihe; die Gesamtsumme "GRTOT" wird infolge von "*(GRTOT)" erst gedruckt, wenn alle senkrechten Reihen der Tabelle dargestellt sind .
15	Ende des REPORT

```
Steuerkarten
─ ─ ─ ─ ─ ─ ─  EOR-Karte }vgl.S.19-1
*                        1COLUM E
*                        2ROW   E
*                        10GRTOT 0    I
*                        11SUM   1    I
*                        12TOTL  1    I
*                        13VAL   2    I
     MAIN ROUTINE
         DO TO 2, FOR EACH ROW I
         DO TO 1, FOR EACH COLUM J
         LET VAL(I,J) = 1000*I + J
         LET SUM(J) = SUM(J) + VAL(I,J)
         LET TOTL(I) = TOTL(I) + VAL(I,J)
   1 LOOP
         LET GRTOT = GRTOT + TOTL(I)
   2 LOOP
       CALL EXAMPL
     STOP
     END
```

```
                  REPORT EXAMPL
               B FOR EACH COLUM J                              X
  X                                                            X
   X                                       PAGE **       1
  X                                  PAGE
  X                    SAMPLE OF ROW AND COLUMN REPETITION
  X       COLUM     **          **          **          **     4    **
  X       **        **          **    TOTAL             1           **
  X              B(J)
  X    ROW                                      *(109-131)
  X      **            **          **          **          **       1
  X        **           **          **        *****              ** X
  X      J          R(VAL(I,J))
   X   FOR EACH ROW I                           *(TOTL(I))
  X                                                             X
  X    TOTAL        **          **          **          **      **
  X      **           **          **        *****                  **
  X              B(SUM(J))
                                              *(GRTOT)
                  END
                  END
            FINIS
─ ─ ─ ─ ─ ─ ─  EOR-Karte(vgl.S.19-1)
1X           13
   1       0 R                              12
   2       0 R                              50
   3   10  0 Z
  11       1 Z    12   1
  12       1 Z    50   2
  13       2 Z    50   2  12   1
─ ─ ─ ─ ─ ─ ─  Leerkarte  } vgl.S.19-1
─ ─ ─ ─ ─ ─ ─  EOF-Karte
```

SAMPLE OF ROW AND COLUMN REPETITION

COLUM	1	2	3	4	5	6	7	8
ROW								
1	1001	1002	1003	1004	1005	1006	1007	1008
2	2001	2002	2003	2004	2005	2006	2007	2008
3	3001	3002	3003	3004	3005	3006	3007	3008
4	4001	4002	4003	4004	4005	4006	4007	4008
5	5001	5002	5003	5004	5005	5006	5007	5008
6	6001	6002	6003	6004	6005	6006	6007	6008
7	7001	7002	7003	7004	7005	7006	7007	7008
8	8001	8002	8003	8004	8005	8006	8007	8008
9	9001	9002	9003	9004	9005	9006	9007	9008
10	10001	10002	10003	10004	10005	10006	10007	10008
11	11001	11002	11003	11004	11005	11006	11007	11008
12	12001	12002	12003	12004	12005	12006	12007	12008
13	13001	13002	13003	13004	13005	13006	13007	13008
14	14001	14002	14003	14004	14005	14006	14007	14008
15	15001	15002	15003	15004	15005	15006	15007	15008
16	16001	16002	16003	16004	16005	16006	16007	16008
17	17001	17002	17003	17004	17005	17006	17007	17008
18	18001	18002	18003	18004	18005	18006	18007	18008
19	19001	19002	19003	19004	19005	19006	19007	19008
20	20001	20002	20003	20004	20005	20006	20007	20008
21	21001	21002	21003	21004	21005	21006	21007	21008
22	22001	22002	22003	22004	22005	22006	22007	22008
23	23001	23002	23003	23004	23005	23006	23007	23008
24	24001	24002	24003	24004	24005	24006	24007	24008
25	25001	25002	25003	25004	25005	25006	25007	25008
26	26001	26002	26003	26004	26005	26006	26007	26008
27	27001	27002	27003	27004	27005	27006	27007	27008
28	28001	28002	28003	28004	28005	28006	28007	28008
29	29001	29002	29003	29004	29005	29006	29007	29008
30	30001	30002	30003	30004	30005	30006	30007	30008
31	31001	31002	31003	31004	31005	31006	31007	31008
32	32001	32002	32003	32004	32005	32006	32007	32008
33	33001	33002	33003	33004	33005	33006	33007	33008
34	34001	34002	34003	34004	34005	34006	34007	34008
35	35001	35002	35003	35004	35005	35006	35007	35008
36	36001	36002	36003	36004	36005	36006	36007	36008
37	37001	37002	37003	37004	37005	37006	37007	37008
38	38001	38002	38003	38004	38005	38006	38007	38008
39	39001	39002	39003	39004	39005	39006	39007	39008
40	40001	40002	40003	40004	40005	40006	40007	40008
41	41001	41002	41003	41004	41005	41006	41007	41008
42	42001	42002	42003	42004	42005	42006	42007	42008
43	43001	43002	43003	43004	43005	43006	43007	43008
44	44001	44002	44003	44004	44005	44006	44007	44008

Ergebnisliste Seite 1 (zu REPORT-Beispiel 1)

14 — 18   REPORT-Formular

SAMPLF OF ROW AND COLUMN REPFTITION

COLUM	1	2	3	4	5	6	7	8
ROW								
45	45001	45002	45003	45004	45005	45006	45007	45008
46	46001	46002	46003	46004	46005	46006	46007	46008
47	47001	47002	47003	47004	47005	47006	47007	47008
48	48001	48002	48003	48004	48005	48006	48007	48008
49	49001	49002	49003	49004	49005	49006	49007	49008
50	50001	50002	50003	50004	50005	50006	50007	50008
TOTAL	1275050	1275100	1275150	1275200	1275250	1275300	1275350	1275400

Ergebnisliste Seite 2 (zu REPORT-Beispiel 1)

SAMPLE OF ROW AND COLUMN REPETITION

COLUM	9	10	11	12	TOTAL
ROW					
1	1009	1010	1011	1012	12078
2	2009	2010	2011	2012	24078
3	3009	3010	3011	3012	36078
4	4009	4010	4011	4012	48078
5	5009	5010	5011	5012	60078
6	6009	6010	6011	6012	72078
7	7009	7010	7011	7012	84078
8	8009	8010	8011	8012	96078
9	9009	9010	9011	9012	108078
10	10009	10010	10011	10012	120078
11	11009	11010	11011	11012	132078
12	12009	12010	12011	12012	144078
13	13009	13010	13011	13012	156078
14	14009	14010	14011	14012	168078
15	15009	15010	15011	15012	180078
16	16009	16010	16011	16012	192078
17	17009	17010	17011	17012	204078
18	18009	18010	18011	18012	216078
19	19009	19010	19011	19012	228078
20	20009	20010	20011	20012	240078
21	21009	21010	21011	21012	252078
22	22009	22010	22011	22012	264078
23	23009	23010	23011	23012	276078
24	24009	24010	24011	24012	288078
25	25009	25010	25011	25012	300078
26	26009	26010	26011	26012	312078
27	27009	27010	27011	27012	324078
28	28009	28010	28011	28012	336078
29	29009	29010	29011	29012	348078
30	30009	30010	30011	30012	360078
31	31009	31010	31011	31012	372078
32	32009	32010	32011	32012	384078
33	33009	33010	33011	33012	396078
34	34009	34010	34011	34012	408078
35	35009	35010	35011	35012	420078
36	36009	36010	36011	36012	432078
37	37009	37010	37011	37012	444078
38	38009	38010	38011	38012	456078
39	39009	39010	39011	39012	468078
40	40009	40010	40011	40012	480078
41	41009	41010	41011	41012	492078
42	42009	42010	42011	42012	504078
43	43009	43010	43011	43012	516078
44	44009	44010	44011	44012	528078

Ergebnisliste Seite 3 (zu REPORT-Beispiel 1)

SAMPLE OF ROW AND COLUMN REPETITION

COLUM	9	10	11	12	TOTAL
ROW					
45	45009	45010	45011	45012	540078
46	46009	46010	46011	46012	552078
47	47009	47010	47011	47012	564078
48	48009	48010	48011	48012	576078
49	49009	49010	49011	49012	588078
50	50009	50010	50011	50012	600078
TOTAL	1275450	1275500	1275550	1275600	15303900

Ergebnisliste Seite 4 (zu REPORT-Beispiel 1)

14.4. REPORT-Beispiel 2 für ROW REPETITION und COLUMN REPETITION   ((6-15))

Das simulationsfreie Programm soll Magische Quadrate errechnen und als Tabelle abdrucken, wobei eine Quadratseite aus 3, 5, 7 oder 9 Zahlen besteht.

Für die Darstellung der Ergebnisse dient das REPORT-Formular auf S.14-23; die einzelnen Zeilen des REPORT-Formulars sind zur Kennzeichnung am linken Rand beziffert.

ZEILE	BEDEUTUNG
1	Name des REPORT; N und M sind lokale Variable des REPORT
2	COLUMN-REPETITION-Zeile: auf 1 Druckseite werden maximal 21 senkrechte Reihen der Tabelle abgedruckt.
3	FORM-Zeile für die Überschrift; anschließend sind 4 Leerzeilen vorgesehen; die Überschrift wird nur auf die erste Seite des REPORT gedruckt (also bei jeder Anweisung REPORT nur einmal) .
4	CONTENT-Zeile für die Größe "M" .
5,6	FORM-Zeile und CONTENT-Zeile für die Tabellenwerte "ARRAY(I,J)" einer waagerechten Tabellenreihe ; auf jede waagerechte Tabellenreihe folgt eine Leerzeile.
7	ROW REPETITION-Zeile für die N waagerechten Tabellenreihen.
8	Ende des REPORT .

REPORT-Formular zu REPORT-Beispiel 2

Kartenfolge zu REPORT-Beispiel 2

```
Steuerkarten              )vgl.S.19-1
— — — — — EOR-Karte)
+                                    INUM   E
+                                    2ARRAY 2     1
+
        MAIN
        DO,FOR N=(3)(9)(2)
        LET I=N
        LET J=(N+1)/2
        DO,FOR K=(1)(N*N)
        STORE K IN ARRAY (I,J)
        IF K EQ K/N*N, GO 1
        IF J EQ N, LET J=0
        IF I EQ N, LET I=0
        LET I=I+1
        LET J=J+1
        GO 2
      1 LET I=I-1
      2 LOOP
        LET M=(N*N+1)/2*N
        CALL MAGIC(N,M)
        LOOP
        STOP
        END
        REPORT MAGIC(N,M)                                    X

     21 FOR J = (1)(N)                                       X

     X                    THIS IS A MAGIC SQUARE.  ADDED IN ANY DIRECTION TH
     E NUMBERS SUM TO          *                                      14
      X        M                                             X

     X                *    *    *    *    *    *    *    *    *    *    *
         *    *    *    *    *    *    *    *    *    *                  1
      X            21(ARRAY(I,J))                            X
     '
      X   FOR I = (1)(N)                                     X
                                                             X
        END
        END)
            FINIS
— — — — — EOR-Karte (vgl.S.19-1)
 1X        2
   1    0 R                                       y
   2    2 2    9    1    9    1
= = = = = Leerkarte
          EOF-Karte  vgl.S.19-1
```

THIS IS A MAGIC SQUARE. ADDED IN ANY
DIRECTION THE NUMBERS SUM TO   15

```
4  9  2
3  5  7
8  1  6
```

THIS IS A MAGIC SQUARE. ADDED IN ANY
DIRECTION THE NUMBERS SUM TO   65

```
11  18  25   2   9
10  12  19  21   3
 4   6  13  20  22
23   5   7  14  16
17  24   1   8  15
```

THIS IS A MAGIC SQUARE. ADDED IN ANY
DIRECTION THE NUMBERS SUM TO   175

```
22  31  40  49   2  11  20
21  23  32  41  43   3  12
13  15  24  33  42  44   4
 5  14  16  25  34  36  45
46   6   8  17  26  35  37
38  47   7   9  18  27  29
30  39  48   1  10  19  28
```

THIS IS A MAGIC SQUARE. ADDED IN ANY
DIRECTION THE NUMBERS SUM TO   369

```
37  48  59  70  31   2  13  24  35
36  38  49  60  71  73   3  14  25
26  28  39  50  61  72  74   4  15
16  27  29  40  51  62  64  75   5
 6  17  19  30  41  52  63  65  76
77   7  18  20  31  42  53  55  66
67  78   8  10  21  32  43  54  56
57  68  79   9  11  22  33  44  46
47  58  69  80   1  12  23  34  45
```

Ergebnisliste
Seite 1 bis 4
(zu REPORT-
  Beispiel 2)

15. Interne PERMANENT ATTRIBUTES

Einige ATTRIBUTES werden vom SIMSCRIPT-Compiler intern definiert; sie sind nicht im DEFI-Formular
(S.16-1) aufzuführen.

NAME	MODUS	NORMALWERT	KANN DER	KURZBESCHREIBUNG ▼▼▼ ERGÄNZUNGEN
A = Argument; E = Ergebnis	F = real I = integer	VOM COMPILER FESTGELEGT	BENUTZER DEN WERT ÄNDERN ? + = ja – = nein	
TIME	F		–	Momentanwert der simulierten Uhrzeit in Dezimaltagen ▼▼▼ Zu Beginn der Simulation setzt die PS das ATTRIBUTE "TIME" gleich 0.0 . Der Wert von TIME verändert sich schrittweise gemäß den Eintragungen (EXOG EVENTS und ENDOG EVENTS) im inneren Kalender (siehe BILD 5-1). Vor dem Aufruf eines EXOG EVENT-UP wird TIME intern auf den Wert gesetzt, der als Zeitpunkt auf der EVENT-Karte (S.11-2) angegeben ist; dabei werden die Tage:Std:Min in Dezimaltage umgerechnet. Vor dem Aufruf eines ENDOG EVENT-UP wird TIME intern auf den Wert gesetzt, der durch eine vorher ausgeführte Anweisung CAUSE im Kalender notiert ist.

NAME	MODUS	NORMALWERT	KANN DER BENUTZER DEN WERT ÄNDERN ?	KURZBESCHREIBUNG ▼▼▼ ERGÄNZUNGEN
HOURS	F	24.0	+	Stunden pro simuliertem Tag ▼▼▼ Wertänderungen kann der Benutzer durch die SYSTEM-SPECIFICATION-Karte (S.17-1) oder durch Anweisungen im Programm vornehmen .
MINS	F	60.0	+	Minute pro simulierter Stunde ▼▼▼ Wertänderungen wie bei "HOURS"
DECHR(A) A: F E: F			−	Dezimalstunden, berechnet aus der Größe "A" , die in Dezimaltagen vorliegt ▼▼▼ Intern wird "A" mit dem internen ATTRIBUTE "HOURS" multipliziert.
DPART(A) A: F E: I			−	ganzzahliger Teil der Zeitangabe "A", die in Dezimaltagen vorliegt ▼▼▼ nützlich bei der Ausgabe von Zeitwerten
HPART(A) A: F E: I			−	volle Stunden, wenn eine Zeitangabe in Tage:Std:Min aufgeschlüsselt wird ▼▼▼ nützlich bei der Ausgabe von Zeitwerten; die Umrechnung erfolgt aus Dezimaltagen mit Hilfe des internen ATTRIBUTE "HOURS"
MPART(A) A: F E: I			−	volle Minuten, wenn eine Zeitangabe in Tage:Std:Min aufgeschlüsselt wird ▼▼▼ Ergänzungen siehe "HPART(A)"
PAGE	I	1 zu Beginn der Simulation	+	momentane Seitenzahl der gedruckten Datenausgabe ▼▼▼ angewandt im REPORT; Wertänderung kann der Benutzer durch Anweisungen im Programm vornehmen .

     Interne PERMANENT ATTRIBUTES

NAME	MODUS	NORMALWERT	KANN DER BENUTZER DEN WERT ÄNDERN ?	KURZBESCHREIBUNG ▼▼▼ ERGÄNZUNGEN
LINES	I	55	+ max. 60	maximale Anzahl der Zeilen je Druckseite im REPORT ▼▼▼ Wertänderungen kann der Benutzer durch die SYSTEM-SPECIFICATION-Karte (S.17-1) oder durch eine Anweisung im Programm vornehmen.Siehe auch S.14-13.
OTAPE	I	61	+	Kennziffer der Bandeinheit, auf die momentan die Ergebnisse des REPORT gespeichert werden ▼▼▼ Wertänderungen kann der Benutzer durch die SYSTEM SPECIFICATION-Karte oder durch eine Anweisung im Programm vornehmen.

RANDI(i,j)
   i,j: I
    E: I
			−	Zufallsgröße, ganzzahlig, gleichverteilt zwischen "i" und "j" je einschließlich ▼▼▼ i und j sind lokale Variable oder Systemvariable oder Konstanten; jedesmal, wenn RANDI(i,j) im Programm genannt wird, ermittelt die PS einen neuen Zahlenwert (also auch, wenn RANDI(i,j) in derselben Anweisung mehrfach auftritt) .

RANDM	F		−	Zufallsgröße, real, gleichverteilt zwischen 0.0 und 1.0 je einschließlich ▼▼▼ jedesmal, wenn RANDM im Programm genannt wird, ermittelt die PS einen neuen Zahlenwert (also auch, wenn RANDM in derselben Anweisung mehrfach auftritt) .

NAME	MODUS	NORMALWERT	KANN DER BENUTZER DEN WERT ÄNDERN ?	KURZBESCHREIBUNG ▼▼▼ ERGÄNZUNGEN
RANDR	I		+	Grundzahl zur Bildung der nächstfolgenden Zufallsgröße RANDM ▼▼▼ Wertänderung kann der Benutzer durch Anweisungen im Programm vornehmen; der Anfangswert für RANDR kann mit der Feldbeschreibung Ø (S.17-4) eingelesen werden . Als Zufallsgenerator dient die entsprechende Funktion in FORTRAN; daher wird der Wert von RANF (FORTRAN-Funktion) als Ausgangswert benützt, wenn kein Anfangswert für RANDR eingelesen wird.
N-npen wo npen = Name eines PEN	I		-	Anzahl der PEN des Namens "npen" ▼▼▼ dieses ATTRIBUTE kann aus 6 Zeichen bestehen (wenn der Name des PEN 5 Zeichen hat); der Zahlenwert wird zugewiesen gemäß der Eintragung im INI-Block (S.17-5), sooft das kompilierte Programm ausgeführt wird.
N-npat(A) wo npat = Name eines dopp.ind. PAT A: I E: I			-	Anzahl der Elemente in der durch "A" gekennzeichneten waagerechten Reihe einer zweidimensionalen Tabelle ▼▼▼ wird für jede doppeltindizierte Größe gebildet und ist besonders wichtig bei Spartabellen (unterschiedliche Anzahl von Elementen in jeder Zeile, siehe S.17-12) .

16. DEFI-Formular   ((7-1))

16.1. Allgemeines

Im DEFI-Formular (DEFINITION FORM) werden alle Größen vereinbart, die <u>nicht</u> als i n t e r n e
PERMANENT ATTRIBUTES vom Compiler gebildet werden (S.15-1) oder als l o k a l e Variable in
einem Programmteil auftreten.
Das DEFI-Formular ist auf S.16-4 abgebildet. Es besteht aus 4 Feldern:

FELD 1 (Spalte 2..31)	FELD 2 (Spalte 32..49)	FELD 3 (Spalte 50..65)	FELD 4 (Spalte 66..71)

Temporäre Variable:
  TEMPORARY ENTITY
  EVENT NOTICE
  TEMPORARY ATTRIBUTE
	permanente Variable
	  PERMANENT ENTITY
	  PERMANENT ATTRIBUTE
	Anfangswerte sind mit
	INI-Karten
	einzulesen (S.17-1)
		SETS	FUNCTIONS, die vom
			Benutzer verfaßt werden

Jede Zeile des DEFI-Formulars wird in einer <u>DEFI-Karte</u> abgelocht. Die DEFI-Karten bilden den
<u>DEFI-Block</u>. Es können Eintragungen in einigen oder in allen Feldern des DEFI-Formulars stehen.
<u>Leere</u> Felder werden übergangen. Steht in einer Zeile k e i n Z e i c h e n in Spalte <u>72</u> ,
so bildet der Compiler für jede Eintragung dieser Zeile eine Reihe von internen Unterprogrammen
(S.13-9), die dann ebenfalls <u>übersetzt</u> werden. Ist jedoch in Spalte 72 ein bel. Zeichen gelocht,
so werden die internen Unterprogramme nicht übersetzt; dies ist sinnvoll, wenn für die in dieser
Zeile stehenden Größen bereits in einem vorangegangenen Lauf desselben Jobs die internen
Unterprogramme übersetzt wurden. In jedem Fall müssen alle DEFI-Karten im DEFI-Block enthalten
sein, unabhängig davon, ob die jeweiligen internen Unterprogramme bereits übersetzt wurden.
Vor dem Ausfüllen des DEFI-Formulars ist es sinnvoll, das Simulationsproblem nach folgenden

Gesichtspunkten zu durchdenken und entsprechend zu organisieren:

FRAGE	BEISPIEL	GEWÄHLTE VEREINBARUNG	KURZZEICHEN
1) welche Größen treten nur zeitweilig auf?	Werkstücke in einer Maschinenhalle; Anruf in einer Fernsprechvermittlung	TEMPORARY ENTITY	TEN
2) haben die in 1) gefundenen Größen gewisse Eigenschaften, die in der Simulation eine Rolle spielen?	Bearbeitungszeit des Werkstücks in der Maschine; Rufnummer des gewünschten Fernsprechteilnehmers	TEMPORARY ATTRIBUTE	TAT
3) welche Ereignisse treten im Verlauf der Simulation auf, wobei der Zeitpunkt der Ereignisse zu Beginn der Simulation noch nicht feststeht?	Zeitbilanz über die Bearbeitungszeit; Freigabe der Fernsprechleitung nach Beendigung eines Gesprächs	EVENT NOTICE	ENO
4) welche Größen sind während der ganzen Simulation in unveränderter Anzahl vorhanden, wobei die Exemplare dieser Größe mit einer Kennziffer markiert werden können?	Maschinen in der Werkhalle; Telephonleitungen zwischen zwei Vermittlungen	PERMANENT ENTITY	PEN

Fortsetzung S.16-3

16 — 2   DEFI-Formular

FRAGE	BEISPIEL	GEWÄHLTE VEREINBARUNG	KURZZEICHEN
5) welche Größen sollen als index-freie Variable für das gesamte Programm zur Verfügung stehen? (Der Wert dieser Variablen kann sich natürlich im Verlauf der Simulation ändern)	Maximale Anzahl der an einem Tag produzierten Werkstücke; Anzahl der momentan belegten Leitungen	PERMANENT ATTRIBUTE indexfrei	PAT
6) welche Größen sollen mit 1 Index verwendet werden?	Fehlerquote an Maschine 1,2,3; mittlere Belegungsdauer in Leitung 1,2,3	PERMANENT ATTRIBUTE mit 1 Index	PAT
7) welche Größen sollen mit 2 Indizes verwendet werden?	Fehlerquote an Maschine 1,2,3 jeweils am 1.,2., 3.,4. Tag der Simulation	PERMANENT ATTRIBUTE mit 2 Indizes	PAT
8) gibt es Größen in 1) und/oder 3) , die zeitweilig eine gemeinsame Gruppe bilden?	Gruppe der fertig bearbeiteten Werkstücke; Gruppe der in einem Wartespeicher wartenden Anrufe	SET	–
9) Sollen in das Programm Funktionen eingebaut werden, die nicht in FORTRAN oder FORTRAN EXTENDED zur Verfügung stehen?	–	FUNCTION	–

16 – 3   DEFI-Formular

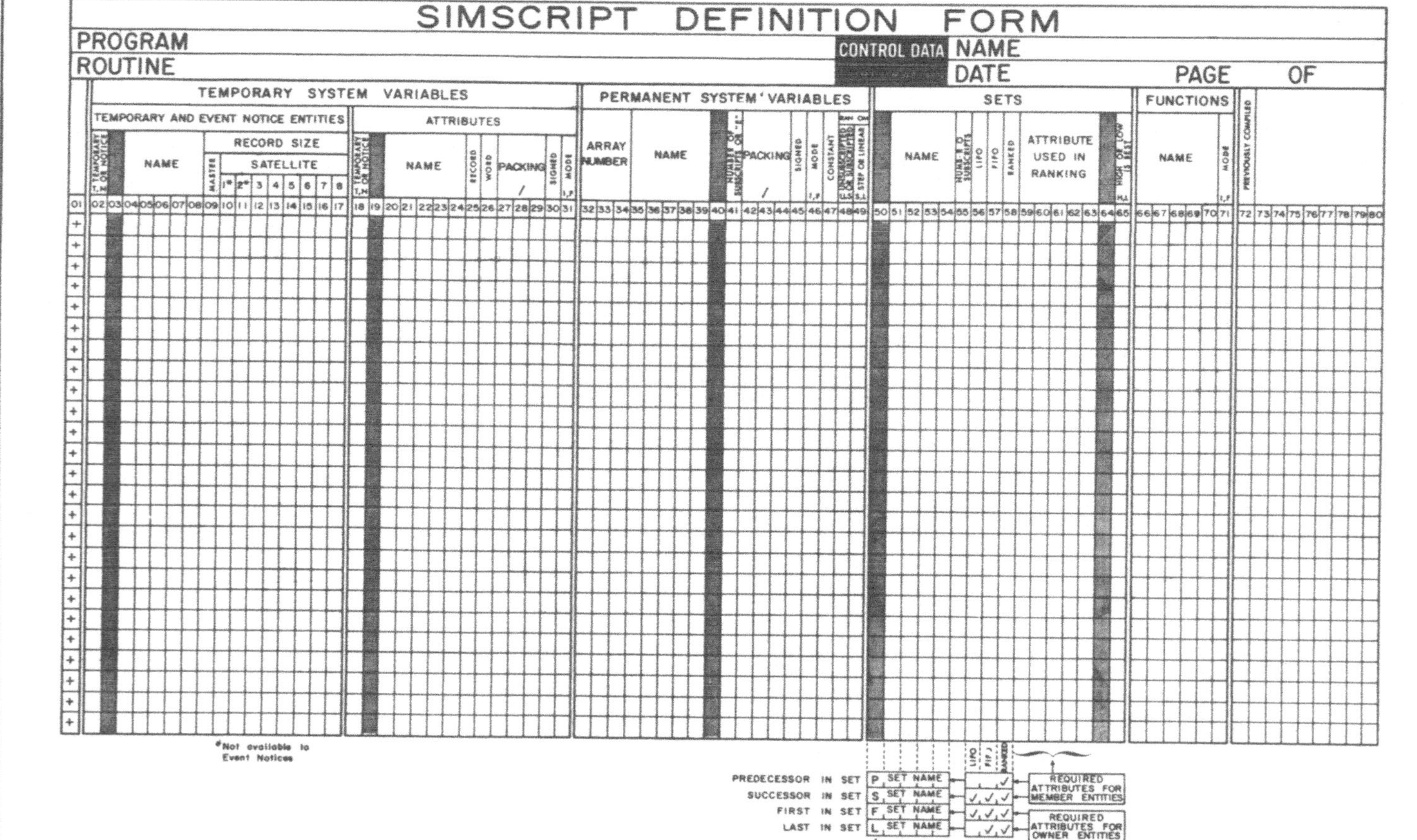

16 — 4   DEFI-Formular

Nachdem in dieser Weise das zu simulierende Modell organisiert ist (wobei es eine "beste"
Organisation sicher nicht gibt) , ist eine zweite Überlegung notwendig: im DEFI-Formular wird
nicht nur der Name einer Größe in eines der 4 Felder geschrieben, sondern in Feld 1 und Feld 2
muß auch noch der Speicherplatzbedarf der dort vereinbarten Größen angegeben werden. Daher spielt
in den folgenden Abschnitten die Organisation des Speicherplatzes eine wichtige Rolle.
WICHTIG: In Spalte 1 ist bei allen DEFI-Karten stets ein "+" zu lochen !

16.2. Eintragungen in Feld 1 (Spalte 2..31)

16.2.1. Speicherorganisation bei temporären Variablen

Jedes TEN (z.B. "ANRUF") ist für die Simulation mit einer Reihe von TAT ausgestattet (z.B.
DAUER(ANRUF), ABS(ANRUF), ZIEL(ANRUF) etc.) . Die TAT eines TEN belegen im Speicher einen Block,
der aus 1,2,4 oder 8 Ganzworten bestehen kann; falls ein TAT mit Sicherheit einen gewissen Zahlenwert nicht überschreitet, kann es statt in einem Ganzwort nur in einem Teil eines Wortes
(z.B. in einem Halbwort) abgespeichert werden und der Rest des Ganzwortes steht dann für ein
anderes TAT des TEN zur Verfügung; dieses Aufteilverfahren heißt "PACKING" und spart Speicherplatz
ein; allerdings erhöhen sich hierbei die Zugriffszeiten, wie BILD 16-8 zeigt .

Die Position eines TAT innerhalb des Ganzwortes wird durch 2 Zahlen gekennzeichnet, die durch einen
Schrägstrich getrennt sind (Bruchzahl gemäß BILD 16-6) . Die zulässigen Maximalwerte bei Wortteilung sind in BILD 16-6 dargestellt. In jedem Block wird das erste BIT des ersten Wortes im
Block zur internen Markierung verwendet; daraus folgt:
- bei Wortteilung im ersten Wort des Blocks: Das TAT in der Position 1/2 oder 1/3 oder 1/4 muß
  eine v o r z e i c h e n l o s e Größe sein.
- wenn keine Wortteilung im ersten Wort des Blocks vereinbart ist: Das TAT im ersten Wort des
  Blocks muß eine v o r z e i c h e n l o s e Größe sein.

Zusätzlich gilt noch die Einschränkung, daß bei Drittel- und Viertelworten nur g a n z e
Zahlen abgespeichert werden dürfen.

CODIERUNG		WORTTEILUNG	GRENZWERTE für			
			integer-Zahl		real-Zahl	
der Position im Ganzwort			ohne	mit	ohne	mit
			Vorzeichen		Vorzeichen	
Leerspalten oder 1/1		GANZWORT	$2^{59}-1$	$2^{59}-1$	$2^{-1023}..2^{1023}$	$2^{-1023}..2^{1023}$
1/2	2/2	HALBWORT	$2^{30}-1$	$2^{29}-1$	$2^{-128}..2^{127}$	$2^{-64}..2^{63}$
1/3 2/3 3/3		DRITTELWORT	$2^{20}-1$	$2^{19}-1$		
1/4 2/4 3/4 4/4		VIERTELWORT	$2^{15}-1$	$2^{14}-1$		

8 Bit	22 Bit

Expon. Mantisse

1	7	22 Bit

Expon. Mant.
Vorzeichen

Ist die Zahl negativ, so wird das Vorzeichenbit gleich 1 gesetzt; die restlichen Stellen werden nicht komplementiert

BILD 16-6 : Codierung und Grenzwerte bei Wortteilung

Reicht ein Block für alle TAT des TEN aus, so wird dieser Block als master record bezeichnet; falls jedoch zusätzliche Speicherplätze für die TAT eines TEN notwendig sind (z.B. weil ein TEN mehr als 8 Ganzworte für die Abspeicherung seiner TAT benötigt), so können vom Programmierer weitere Blocks zugewiesen werden, die satellite records heißen; die satellite records werden durchnumeriert von 1 bis 8; sie befinden sich verteilt irgendwo im Speicher, und die PS erreicht einen satellite record über den zugehörigen master record auf folgende Weise: die Kennadresse (S.6-3)von z.B. satellite record Nummer3 befindet sich in Position 2/2 des dritten Wortes im zugehörigen master record; entsprechend befindet sich, wenn wir den satellite record 5

verwenden, dessen Kennadresse in Position 2/2 des fünften Wortes im zugehörigen master record.
Daraus folgt:
- wird ein satellite record I verwendet, so darf im Wort Nummer I des master record nur die
  Position 1/2 von einem TAT belegt werden; keinesfalls darf das Wort I des master record
  als Ganzwort an ein TAT vergeben werden!
- wird ein satellite record I verwendet, so muß der zugehörige master record mindestens I
  Ganzworte haben; sind z.B. satellite record 1,2 und 3 vorgesehen, so muß der zugehörige
  master record 4 oder 8 Ganzworte haben (3 Ganzworte in einem Block sind unzulässig) .

BEMERKUNG: Es steht dem Benutzer frei, bei Bedarf satellite record 1 und/oder 2 und/oder 3 ...
zu verwenden; allerdings bedeutet das Abspeichern in einem satellite record eine längere
Zugriffszeit, wie BILD 16-8 zeigt.

Nichtverwendete satellite records sind im DEFI-Formular durch eine Leerspalte gekennzeichnet
(Siehe auch die Beispiele in den folgenden Abschnitten) .

Alle oben genannten Regeln gelten sowohl für TEN als auch für ENO mit einer Ausnahme:
Der Programmierer darf in Wort 1 und Wort 2 des master record eines ENO keine ATTRIBUTE-Werte
abspeichern, weil diese beiden Worte für die interne Organisation reserviert sind zur Speicherung
- des Zeitpunktes, zu dem das ENDOG EVENT auftreten soll (in Position 1/1   in Wort 2)
- der Kennadresse des unmittelbar vorher stattfindenden
  Ereignisses   (in Position 1/2   in Wort 1)
- der Kennadresse des unmittelbar nachher stattfindenden
  Ereignisses   (in Position 2/2   in Wort 1)
Aus diesem Grund darf bei einem ENO satellite record 1 und 2 nicht verwendet werden .

POSITION im Ganzwort	gespeichert im MASTER RECORD				gespeichert im SATELLITE RECORD			
	integer-Zahl		real-Zahl		integer-Zahl		real-Zahl	
	mit Vorzeichen	ohne Vorzeichen	mit Vorzeichen	ohne Vorzeichen	mit Vorzeichen	ohne Vorzeichen	mit Vorzeichen	ohne Vorzeichen
1/1	13 13	13 13	13 13	13 13	18 18	18 18	18 18	18 18
1/2	13 16	13 16	30 21	30 22	18 21	18 21	35 26	35 27
2/2	20 16	20 16	33 21	33 22	27 21	27 21	40 26	40 27
1/3	23 18	26 19			28 23	31 24		
2/3	23 18	26 21			28 23	31 26		
3/3	24 19	27 21			29 24	32 26		
1/4	23 18	26 19			28 23	31 24		
2/4	21 16	24 21			26 21	29 26		
3/4	23 18	26 22			28 23	31 27		
4/4	24 19	27 21			29 24	32 26		

HINWEIS : Zyklen zum Einspeichern ——•24   19•—— Zyklen zum Auffinden und Ausspeichern

BILD 16-8 : Speicherzyklen (entnommen aus /69/, S. 109; die Daten gelten

für die Anlage 709/7090 von IBM)

16.2.2. Die Eintragung eines TEN   ((7-4))

SPALTE	INHALT	ERKLÄRUNG
2	T	Kennzeichen für TEN
4..8	Name	Name des TEN, beginnend in Spalte 4 ; 1..5 Buchstaben (kein XX) oder Ziffern, jedoch mindestens 1 Buchstabe ; der MODUS eines TEN ist stets integer; zulässige Namen: ANT1, 19M72; unzulässig: LAXX2, 153
9..17	Ziffern	Speicherplatzorganisation des TEN, vgl. S.16-5 .

BEISPIEL

TEMPORARY SYSTEM

TEMPORARY AND EVENT NOTICE ENTITIES

01	02	03	04	05	06	07	08	09	10	11	12	13	14	15	16	17	18	1
TEMPORARY T.N OR NOTICE			NAME					MASTER	RECORD SIZE — SATELLITE								TEMPORARY T.N OR NOTICE	
									1*	2*	3	4	5	6	7	8		
+	T		E	X	A	M	1	1	1									
+	T		E	X	A	M	2	8										
+	T		E	X	A	M	3	4			8							
+	T		E	X	A	M	4	4	2			1						
+	T		E	X	A	M	5	2										

ERLÄUTERUNG

"EXAM1" ist ein TEN mit 1 Wort im master record

"EXAM2" ist ein TEN mit 8 Worten im master record

"EXAM3" ist ein TEN mit 12 Worten, wobei 4 Worte im master record und 8 Worte im satellite record Nummer 3 stehen; die Kennadresse dieses satellite wird intern in Position 2/2 von Wort 3 des master record abgespeichert.

"EXAM4" ist ein TEN mit 7 Worten, wobei 4 Worte im master record stehen sowie 2 Worte in satellite record Nummer 1 und 1 Wort in satellite record Nummer 4; diese Aufteilung in satellite records ist willkürlich .

"EXAM5" ist ein TEN mit 2 Worten im master record

16.2.3. Die Eintragung eines ENO   ((7-6))

SPALTE	INHALT	ERKLÄRUNG
2	N	Kennzeichen für ENO
4..8	Name	Name des ENO, beginnend in Spalte 4; 1..5 Buchstaben (kein XX) oder Ziffern, jedoch mindestens 1 Buchstabe
9..17	Ziffern	Speicherplatzorganisation des ENO (siehe S.16-7); es müssen mindestens 2 Worte im master record vereinbart werden (für die Zeitplanung) und satellite record 1 und 2 dürfen nicht vereinbart werden .

BEISPIEL

TEMPORARY SYSTEM

TEMPORARY AND EVENT NOTICE ENTITIES

01	02 T,N	03	04	05	06	07	08	09 MASTER	10 1*	11 2*	12 3	13 4	14 5	15 6	16 7	17 8	18 T,N	19
+	N		E	X	A	M	6	2										
+	N		E	X	A	M	7	4			1							
+	N		E	X	A	M	8	8				2		4		8		
+																		
.																		

NAME (Spalten 04..08), RECORD SIZE: MASTER (09), SATELLITE 1*(10), 2*(11), 3(12), 4(13), 5(14), 6(15), 7(16), 8(17)

ERLÄUTERUNG

"EXAM6" hat die minimale Wortzahl (=2) eines ENO

"EXAM7" ist ein ENO mit 5 Worten , wobei 4 Worte im master record stehen und 1 Wort für satellite record Nummer 3 vorgesehen ist

"EXAM8" ist ein ENO mit 22 Worten, wobei 8 Worte im master record stehen; weitere 2 Worte befinden sich in satellite record Nr. 4 sowie 4 Worte in satellite record Nr. 6 und 8 Worte in satellite record Nr. 8 .

16.2.4. Die Eintragung eines TAT   ((7-7))

Ein TAT gehört stets zu einem TEN oder ENO; es kann in derselben Zeile wie das TEN bzw. ENO im
DEFI-Formular eingetragen werden oder in einer beliebigen anderen Zeile. Die Eintragung gibt
unter anderem an, in welcher Position innerhalb des Blocks des TEN bzw. ENO sich das TAT
befindet.

SPALTE	INHALT	ERKLÄRUNG
18	T	wenn das TAT zu einem TEN gehört
	N	wenn das TAT zu einem ENO gehört
20..24	Name	Name des TAT, beginnend in Spalte 20; 1..5 Buchstaben (kein XX) oder Ziffern, jedoch mindestens 1 Buchstabe
25	0 oder leer	TAT wird im master record des TEN bzw. ENO abgespeichert (siehe S.16-6)
	1..8	Nummer des satellite record des TEN bzw. ENO, in dem das TAT stehen soll
26	1..8	Angabe, in welchem Wort des in Spalte 25 angegebenen Blocks das TAT steht
27..29	Position	nur bei Wortteilung(S.16-5); Angabe, in welchem Teilwort das TAT stehen soll; werden irrtümlich sich überlappende Vereinbarungen getroffen (z.B. Position 1/2 und 2/3 bei ein und demselben TEN bzw. ENO), so erkennt der Compiler dies nicht und es entstehen Überschreibungen ; bei Überschreitung des maximal speicherbaren Zahlenwertes (BILD 16-6) erhält der Benutzer eine Fehlermeldung.
30	leer	Zahlenwert des TAT ist vorzeichenlos
	bel. Zeichen	Zahlenwert des TAT ist vorzeichenbehaftet
31	F	das TAT ist eine real-Größe
	I	das TAT ist eine integer-Größe

BEISPIEL (TAT)	ERLÄUTERUNG

BEISPIEL (TAT)

'STEM VARIABLES

IES			ATTRIBUTES					
		TEMPORARY OR NOTICE	NAME	RECORD	WORD	PACKING	SIGNED	MODE
7	8	T,N				/		1,F
6 17	18 19	20 21	22 23 24 25	26	27	28 29	30	31 3
		T	E X T M E	2				F
		T	S U C E N 0	1	2/	2		I
		T	P R D E N	1	1/	2		I
		N	E X A M 1	3	1	2/	3 X	I
		N	E X A M 2	8	8	4/	4	I

ERLÄUTERUNG

"EXTME" ist eine vorzeichenlose real-Größe im Wort 2 des master record eines ENO; hier steht stets der Zeitpunkt, zu dem das ENDOG EVENT auftreten soll (wird intern eingetragen); dieser Zeitpunkt kann im gezeigten Beispiel mit der Größe "EXTME" im Programm abgefragt werden. Wort 2 im master record eines ENO braucht jedoch nicht unbedingt als TAT im DEFI-Formular vereinbart zu werden, da der Speicherplatz bereits intern zugewiesen wird (siehe S.16-7) .

"SUCEN" ist eine vorzeichenlose integer-Größe in Position 2/2 des ersten Wortes im master record eines ENO; hier steht <u>stets</u> die Kennadresse des Vorgängers im inneren Kalender (braucht nicht unbedingt als TAT im DEFI-Formular vereinbart zu werden)

"PRDEN" ist eine vorzeichenlose integer-Größe in Position 1/2 des ersten Wortes im master record eines ENO; hier steht <u>stets</u> , die Kennadresse des Nachfolgers im inneren Kalender (braucht nicht unbedingt als TAT im DEFI-Formular vereinbart zu werden)

"EXAM1" ist eine vorzeichenbehaftete integer-Größe in Position 2/3 des ersten Wortes in satellite record Nummer 3 eines TEN .

"EXAM2" ist eine vorzeichenlose integer-Größe in Position 4/4 des achten Wortes in satellite record Nummer 8 eines TEN .

16.3. Eintragungen in Feld 2 (Spalte 32..49)

16.3.1. Speicherorganisation bei permanenten Variablen

Während die temporären Variablen in master record und satellite records gemäß den Angaben in Feld 1 des DEFI-Formulars abgespeichert werden, gilt bei den permanenten Variablen die folgende Speicherorganisation:

Jede permanente Variable erhält eine Feldnummer (array number), die in Spalte 32 bis 34 im DEFI-Formular eingetragen wird. Diese Feldnummern sind relative Adressen bezüglich der Speicherzelle "XXL", die intern festgelegt ist; z.B. Feldnummer 1 bezieht sich auf den Speicherplatz "XXL+1" . Die Gesamtheit der Feldnummern bildet den Basisblock; die höchste Feldnummer (= die Länge des Basisblocks) wird in der SYSTEM-SPECIFICATION-Karte eingetragen (S.17-2) ; maximal sind permanente Variable bis zur Feldnummer 500 zulässig.

Wird bei permanenten Variablen die Wortteilung (S.16-5) angewendet, so haben alle Teilworte eines Ganzwortes dieselbe Feldnummer.

Wenn 1 Speicherplatz unter 2 Namen aufgerufen werden soll, so erfolgt dies dadurch, daß beiden permanenten Variablen dieselbe Feldnummer zugewiesen wird.

Die Feldnummern müssen im DEFI-Formular nicht unbedingt der Größe nach untereinander geschrieben werden; es dürfen außerdem auch Feldnummern ausgelassen werden .

Die permanenten Variablen sind aufgeteilt in
- PEN
- indexfreie PAT
- einfach indizierte PAT
- doppelt indizierte PAT

Anfangswerte mit INI-Karten (S.17-1) einzulesen!

Der Zahlenwert des PEN und des indexfreien PAT wird direkt in der von der Feldnummer bezeichneten Speicherzelle abgespeichert.

16.3.2. Speicherorganisation für das einfach indizierte PAT ((7-11))

Das einfach indizierte PAT wird in einem Sonderblock abgespeichert, der im Anschluß an den Basisblock oder sonst irgendwo im Speicher stehen kann; der Benutzer hat darauf keinen Einfluß, sondern gibt lediglich an, wieviele Worte der Sonderblock umfaßt, d.h. wie groß der maximale Index des einfach indizierten PAT ist; hierzu muß z u s ä t z l i c h zum einfach indizierten

PAT ein indexfreies PAT (Bereichs-PAT) oder ein PEN definiert werden, welches die maximale
Indexzahl angibt; ist z.B. im Simulationsmodell eine Größe "BETA" vorgesehen, die aus den
Elementen BETA(1), BETA(2),...,BETA(7) besteht,und wird diese Größe mit der Feldnummer 31
vereinbart, dann ist zusätzlich ein indexfreies PAT oder ein PEN zu definieren, das z.B. "ANZAL"
heißen soll und den Zahlenwert 7 erhält, denn BETA hat 7 Elemente. Die Feldnummer von ANZAL
wählen wir kleiner als 31, also z.B. 28 .

Die Feldnummer des Bereichs-PAT bzw. des PEN, welches den maximalen Index eines einfach indizierten
PAT enthält, ist stets mit einer kleineren Feldnummer zu versehen als das einfach indizierte
PAT selbst.

Im obigen Beispiel wird also in der Speicherzelle "XXL+28" die Zahl 7 abgespeichert. In der
Speicherzelle "XXL+31" steht eine Adresse, und zwar die Kennadresse des Sonderblocks; in diesem
Sonderblock sind die einzelnen Elemente der Größe BETA abgespeichert; der Sonderblock von BETA
sei von der PS an die Speicherstelle 1001 bis 1007 gelegt worden; XXL sei 200 .

Es ergibt sich das folgende Speicherbild:

BILD 16-14 : Speicherplan eines e i n f a c h indizierten PAT

Wenn die PS im Verlauf der Simulation z.B. den Wert von BETA(4) in einer Rechenoperation
benötigt, so findet die PS in der Speicherzelle 231 die Kennadresse des Sonderblocks : 1000 .
Die PS bildet 1000 + 4 und errechnet sich so die Speicherzelle 1004 , in welcher der
Wert von BETA(4) abgespeichert ist.

16.3.3. _Speicherorganisation_für_das_doppelt_indizierte_ PAT   ((7-13))

Das doppelt indizierte PAT (vorstellbar als zweidimensionale Tabelle) wird in mehreren Sonderblocks
abgespeichert; jede waagerechte Reihe der Tabelle erhält einen Sonderblock, in dem
die Elemente dieser waagerechten Reihe abgespeichert sind. Außerdem wird zur Ansteuerung
der Sonderblocks noch ein Verteilerblock bereitgestellt. Der Ausgangspunkt in dieser Adressen-
organisation ist die Feldnummer des doppelt indizierten PAT im Basisblock; sie enthält eine
Adresse, die als Kennadresse zum Verteilerblock führt. Der Verteilerblock steht irgendwo im
Speicher; seine Speicherzellen sind halbiert und geben Auskunft über die Ausdehnung der
zweidimensionalen Tabelle: für jede waagerechte Reihe der Tabelle steht eine Speicherzelle im
Verteilerblock zur Verfügung und gibt im ersten Halbwort an, wieviele Elemente die
betreffende waagerechte Reihe enthält, und im zweiten Halbwort, wie die Kennadresse des Sonderblocks lautet, in dem die Elemente der betreffenden waagerechten Reihe abgespeichert sind. Als
Beispiel seiBILD16-16 betrachtet: GAMMA sei ein doppelt indiziertes PAT (z.B. eine Tabelle mit
4 senkrechten und 3 waagerechten Reihen) und mit der Feldnummer 11 versehen. Die PS habe die

Blocks in folgender Weise im Speicher angeordnet:

Verteilersonderblock ab Speicherzelle 5010

Elemente der ersten waagerechten Reihe von GAMMA ab Speicherzelle 3500

"   "   zweiten   "   "   "   "   " ab Speicherzelle 2150

"   "   dritten   "   "   "   "   " ab Speicherzelle 6000

Tabelle GAMMA:

191	192	193	194
281	282	283	284
371	372	373	374

Es sei XXL = 1199 , dann ergibt sich folgendes Speicherbild (die Pfeile sollen die Adressen-organisation verdeutlichen) :

BASISBLOCK   VERTEILERBLOCK   SONDERBLOCKS

1208 "WAAG"   3   5009
1209 "SENK"   4   5010   4   3499
1210 "GAMMA" 5009   5011   4   2149
                           5012   4   5999

Anzahl der Elemente in der 3.waagerechten Reihe

Kennadresse des Sonderblocks für die Elemente der 3. waagerechten Reihe

3499
3500   191
 .   192
 .   193
3503   194

2149
2150   281
 .   282
 .   283
2153   284

5999
6000   371
 .   372
 .   373
6003   374

BILD 16-16 : Speicherplan eines d o p p e l t indizierten PAT

Wenn die PS im Verlauf der Simulation z.B. den Wert von GAMMA(2,3) sucht, so findet sie in der Speicherzelle 1210 die Kennadresse 5009 , bildet "5009 + 2" und gelangt so zur Speicherzelle 5011 ; dort steht im 2. Halbwort die Kennadresse 2149 ; die PS bildet "2149 + 3" und erreicht damit die Speicherzelle 2152 , in welcher sich der gesuchte Wert von GAMMA(2,3) befindet.

HINWEIS: Zum Aufbau der Sonderblocks und des Verteilerblocks benötigt die PS Informationen darüber, wieviele senkrechte und waagerechten Reihen das doppelt indizierte PAT hat; daher muß der Programmierer z u s ä t z l i c h zu jedem doppelt indizierten PAT z w e i indexfreie PAT (Bereichs-PAT) oder PEN im DEFI-Formular eintragen, die beide eine k l e i n e r e Feldnummer aufweisen sollen als das zugehörige doppelt indizierte PAT; das eine Bereichs-PAT bzw. PEN gibt die Anzahl der waagerechten Reihen, das andere die Anzahl der senkrechten Reihen der Tabelle an. Im obigen Beispiel sind also z.B.unter der Feldnummer 9 die Größe "WAAG" mit dem Inhalt 3 und unter der Feldnummer 10 die Größe "SENK" mit dem Inhalt 4 zu vereinbaren. Es steht dem Programmierer frei, "WAAG" und/oder "SENK" als indexfreie PAT oder als PEN zu vereinbaren; der Vorteil des PEN liegt darin, daß dann im Programm eine Formulierung "FOR EACH WAAG" bzw. "FOR EACH SENK" möglich wird (siehe S.9-4) . Sind in einer Tabelle gleichviele waagerechte wie senkrechte Reihen vorhanden, so genügt ein einziges Bereichs-PAT bzw. PEN . WORTTEILUNG bei doppelt indiziertem PAT: zulässig sind
- Viertelworte (vier benachbarte senkrechte Reihen des zweidimensionalen PAT werden
                 zusammengefaßt)
- Halbworte (zwei benachbarte senkrechte Reihen werden zusammengefaßt)
INTERN bildet die PS bei jedem doppelt indizierten PAT "npat" ein einfach indiziertes PAT mit dem Namen "N-npat(I)" ; der Inhalt diesesinternen PAT gibt an, wieviele Elemente in der I-ten waage- rechten Reihe des doppelt indizierten PAT stehen,- er entspricht also genau dem 1. Halbwort im Verteilerblock (BILD 16-16) . In einer Spar-Tabelle (siehe S.17-12)können die waagerechten Reihen unterschiedlich viele Elemente haben, dann ist dieses interne PAT für die PS besonders wichtig.

16.3.4. Die Eintragung eines PAT

SPALTE	INHALT	ERKLÄRUNG
32..34	Feldnr.	rechtsbündige ganze Zahl, maximal 500, gibt den relativen Speicherplatz des PAT bezüglich der Speicherzelle XXL an.
35..39	Name	Name des PAT, beginnend in Spalte 35; 1..5 Buchstaben (kein XX) oder Ziffern, jedoch mindestens 1 Buchstabe
41	O oder leer	PAT ist indexfrei
	1	PAT ist einfach indiziert
	2	PAT ist doppelt indiziert
42..44	Position	nur bei Wortteilung; Angabe, in welchem Teilwort das PAT stehen soll; Wortteilung ist unzulässig bei indexfreiem PAT; Wortteilung ist zulässig bei einfach indiziertem PAT, wenn die anderen Teilworte ebenfalls von einfach indizierten PAT besetzt sind, die dieselbe Anzahl von Elementen haben; Eintragung: 1/2, 2/2, 1/3, 2/3, 3/3, 1/4, 2/4, 3/4, 4/4 ; Wortteilung ist zulässig bei doppelt indiziertem PAT, wobei Halbworte (Eintragung /2) oder Viertelworte (/4) verwendbar sind.
45	leer	Zahlenwert des PAT ist vorzeichenlos
	bel. Zeichen	Zahlenwert des PAT ist vorzeichenbehaftet
46	F	das PAT ist eine real-Größe
	I	das PAT ist eine integer-Größe
47	leer	Zahlenwert des PAT ist veränderlich während der Simulation
	bel. Zeichen	Zahlenwert des PAT bleibt konstant während der Simulation (es entfällt ein internes UP und dadurch wird Speicherplatz eingespart)
48..49	US	nur bei Zufallsgröße(S.16-22):indexfrei, Treppenfunktion
	UL	" " " " :indexfrei, lin. Interpolation (Spalte 46: F)
	SS	" " " " :einfach indiziert, Treppenfunktion
	SL	" " " " :einfach indiziert, lin. Interpolation(Spalte46:F)

  DEFI-Formular

| BEISPIEL (indexfreies PAT) | ERLÄUTERUNG |

BEISPIEL (indexfreies PAT)

PERMANENT SYSTEM VARIABLES									
ARRAY NUMBER	NAME	NUMBER OF SUBSCRIPTS OR "E"	PACKING /	SIGNED	MODE I,F	CONSTANT	UNSUBSCRIPTED OR SUBSCRIPTED U.S.S.	STEP OR LINEAR / RANDOM S.L	
32 33	34 35 36 37 38 39	40	41 42 43 44	45	46	47	48	49	50 5
7	W I F E	0			I				
1 2	I S Ø N Y				F	X			
6	R U N 5			✻	I	X			

ERLÄUTERUNG

"WIFE" ist ein indexfreies, vorzeichenloses integer-PAT mit
der Feldnummer 7

"ISONY" ist ein indexfreies, vorzeichenloses konstantes real-PAT
mit der Feldnummer 12

"RUN5" ist ein vorzeichenbehaftetes, indexfreies integer-PAT,
dessen Wert konstant ist (Spalte 47 ist markiert!)

BEISPIEL (einfach indiziertes PAT)

PERMANENT SYSTEM VARIABLES									
ARRAY NUMBER	NAME	NUMBER OF SUBSCRIPTS OR "E"	PACKING /	SIGNED	MODE I,F	CONSTANT	UNSUBSCRIPTED OR SUBSCRIPTED U.S.S.	STEP OR LINEAR / RANDOM S.L	
32 33	34 35 36 37 38 39	40	41 42 43 44	45	46	47	48	49	50 5
5	T A B L E	1		X	F				
3	L E N G H	0			I	C			
1 0	L S T A	1	1 / 2		F	C			
1 0	L S T B	1	2 / 2	X	I				
8	L N G L 5	0			I	C			

ERLÄUTERUNG

"TABLE" ist ein einfach indiziertes PAT, dessen Elemente vorzeichenbehaftete real-Größen sind; in dem indexfreien Bereichs-
PAT "LENGH" wird die Anzahl der Elemente abgespeichert .

"LSTA" ist ein einfach indiziertes PAT, dessen Elemente vorzeichenlose konstante real-Größen sind und jeweils in Position
1/2 eines Wortes abgespeichert werden; in Position 2/2 dieser
Speicherzellen befinden sich die vorzeichenbehafteten integer-
Elemente des einfach indizierten PAT "LSTB" ; in dem indexfreien Bereichs-PAT "LNGL5" wird die Anzahl der Elemente von
"LSTA" als auch von "LSTB" abgespeichert.

PERMANENT SYSTEM VARIABLES																		
ARRAY NUMBER			NAME					NUMBER OF SUBSCRIPTS OR "E"		PACKING			SIGNED	MODE I,F	CONSTANT	UNSUBSCRIPTED OR SUBSCRIPTED U.S	RANDOM STEP OR LINEAR S,I	
32	33	34	35	36	37	38	39	40	41	42	43	44	45	46	47	48	49	50 5
	5	8	4	P	A	C	K		2			4		I				
	2	7	4	P	R	Ø	W		0					I	X			
	3	6	4	P	C	Ø	L							I	X			
	1	8	2	P	S	Q	R		2			2	X	F				
	1	7	2	P	S	Z			0					I	X			

"4PACK" ist ein doppelt indiziertes PAT, dessen Elemente integer-Größen sind und in Viertelworten abgespeichert werden; das indexfreie Bereichs-PAT "4PROW" ist für die Anzahl der waage-rechten Reihen vorgesehen, und das indexfreie Bereichs-PAT "4PCOL" dient zum Abspeichern der Anzahl der senkrechten Reihen.

"2PSQR" ist ein doppelt indiziertes PAT, dessen Elemente real-Größen sind, welche in einem Halbwort abgespeichert werden. Das doppelt indizierte PAT habe die gleiche Anzahl von waage-rechten und senkrechten Reihen; daher genügt ein einziges Bereichs-PAT "2PSZ" .

16.3.5. Die Eintragung eines PEN   ((7-16))

Das PEN dient zur Bildung eines internen indexfreien PAT mit dem Namen "N-npen", wobei "npen" der Name des PEN ist. Im Programm wird das PEN nur für die Formulierung FOR EACH "ENTITY" eingesetzt (S.9-4) und ermöglicht so Rechenoperationen an allen Elementen eines indizierten PAT. Die obengenannte Formulierung ist gleichwertig zu FOR I = (1)(N-npen) . Die Größe N-npen ist während der Simulation konstant; sie kann also vom Programmierer im Verlauf des Programms nicht abgeändert werden, jedoch darf sie an Rechenoperationen beteiligt sein; Beispiel:

            LET K = L + NTEST
            IF M GR NMASCH, GO TO 44

SPALTE	INHALT	ERKLÄRUNG
32..34	Feldnr.	rechtsbündige ganze Zahl, maximal 500, gibt den relativen Speicherplatz des PEN (und damit der Größe N-npen) bezüglich der Speicherzelle XXL an
35..39	Name	Name des PEN, beginnend in Spalte 35; 1..5 Buchstaben (kein XX) oder Ziffern, jedoch mindestens 1 Buchstabe.
41	E	Kennzeichen eines PEN

BEISPIEL (PEN)	ERLÄUTERUNG

"TABLE" ist ein doppelt indiziertes PAT, dessen Elemente vorzeichenbehaftete integer-Größen sind; für die Anzahl der waagerechten Reihen ist das PEN "ROW" vorgesehen und für die Anzahl der senkrechten Reihen das PEN "COL" .

HINWEIS: Zur Kennzeichnung eines PEN genügt "E" in Spalte 41 .

PERMANENT SYSTEM VARIABLES

ARRAY NUMBER	NAME	NUMBER OF SUBSCRIPTS OR "E"	PACKING	SIGNED	MODE I,F	CONSTANT	UNSUBSCRIPTED OR SUBSCRIPTED U.S S.L	STEP OR LINEAR S,L	RANDOM
32 33 34	35 36 37 38 39	40 41	42 43 44 45	46	47	48 49	50	5	
1 2	T A B L E	2		X	I				
6	R Ø W		E						
2	C Ø L		E						

16.3.6. _Zufallsgrößen_ ((5-1))

Außer den internen Zufallsgrößen RANDM und RANDI(i,j) , die auf S.15-3,15-4 erläutert sind,stellt SIMSCRIPT auch Wahrscheinlichkeitstafeln (WT) auf, wenn indexfreie oder einfach indizierte PAT ihren Wert entsprechend einer statistischen Verteilungskurve erhalten sollen.
Die Verteilungskurven können als Treppenkurve oder als kontinuierliche Kurve mit Stützstellen eingegeben werden.

Die Treppenfunktion: wird intern erstellt aus einer Zuordnung von PAT-Werten und den zugehörigen Einzelwahrscheinlichkeiten oder Summenwahrscheinlichkeiten; im Falle der Einzelwahrscheinlich- keiten bildet die PS intern daraus die Summenwahrscheinlichkeiten.BILD16-23 zeigt links eine WT als Treppenfunktion; das PAT "ZUFTR" nehme mit der eingezeichneten Wahrscheinlichkeit die Zahlenwerte Z1,Z2,Z3,Z4 an; diese Zahlen dürfen in jedem beliebigen Format außer "alphanumerisch" und "Hollerith" eingegeben werden (mit INI-Karten, siehe S.17-14) . Sooft das als Zufallsgröße gekennzeichnete PAT "ZUFTR" im Programmtext erwähnt wird, erwürfelt die PS intern mittels der internen Variablen "RANDM" einen Wert zwischen 0.0 und 1.0 und sucht dazu in der WT (gestrichelte Linie) den zugehörigen Zahlenwert von "ZUFTR" (im Beispiel die Zahl Z3) .

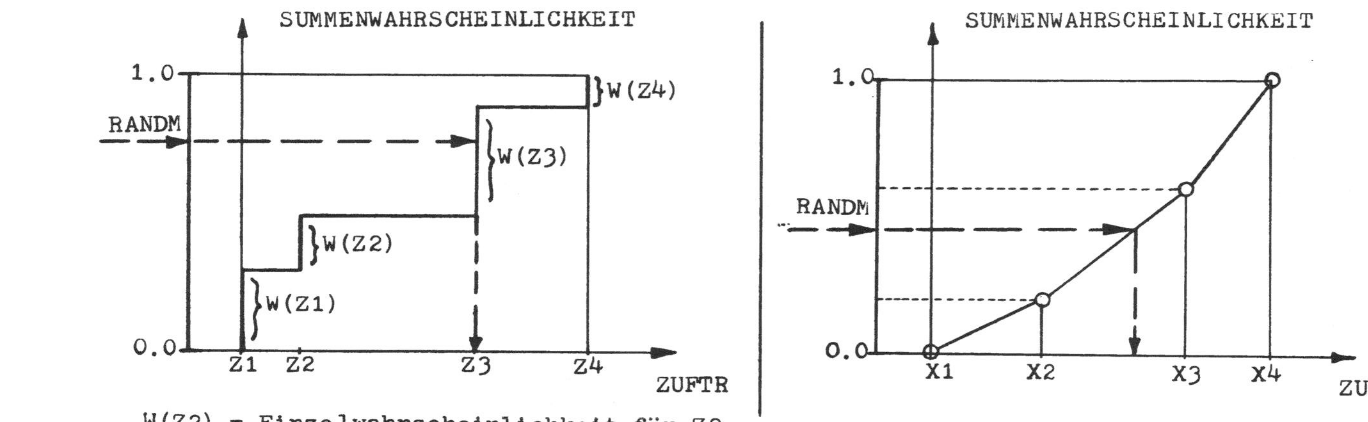

W(Z2) = Einzelwahrscheinlichkeit für Z2

BILD 16-23 : **WT als Treppenfunktion und als lineare Interpolationsfunktion**

<u>Die lineare Interpolationsfunktion</u>: ist eine abschnittweise lineare Funktion, mit der eine kontinuierliche Verteilungskurve angenähert werden kann. Mit INI-Karten (siehe S.17-14) werden die beliebig vielen Stützstellen (z.B. X1,X2,X3,X4 in BILD16-23) eingelesen sowie die zugehörigen Summenwahrscheinlichkeiten; die PS erstellt daraus die WT, z.B. in BILD16-23für die Zufallsgröße "ZUFLI" . Sooft das als Zufallsgröße gekennzeichnete PAT "ZUFLI" im Programmtext erwähnt wird, erwürfelt die PS intern mittels der internen Variablen "RANDM" einen Wert zwischen 0.0 und 1.0 und sucht dazu in der WT die eingrenzenden Wahrscheinlichkeitswerte (punktierte Linien in BILD16-23 rechts) ; zwischen diesen Werten wird linear interpoliert und so der Zahlenwert von "ZUFLI" ermittelt.

<u>HINWEIS</u>: ist die Zufallsgröße ein einfach indiziertes PAT, so muß für jeden einzelnen Indexwert eine WT bereitgestellt werden (siehe S.17-18) .

16.4. Eintragungen in Feld 3 (Spalte 50..65)

16.4.1. Allgemeines über das SET

Ein SET ist eine Gruppe von Kennadressen, welche auf zugehörige TEN oder ENO verweisen, die alle eine gemeinsame Eigenschaft haben und daher unter diesem Gesichtspunkt in eine Reihe geordnet werden können, z.B. Personen in einer Warteschlange vor einem Schalter, Aufträge in einer Auftragsliste. Diese Kennadressen werden nach 3 verschiedenen Ordnungsprinzipien hintereinandergereiht:

FIFO (first in - first out) - dasjenige Mitglied, welches am längsten im SET verweilt, erhält beim Herausholen (erfolgt mit der Anweisung REMOVE FIRST, S.8-6) die oberste Priorität;
Beispiel: Warteschlange vor einem Schalter.

LIFO (last in - first out) - dasjenige Mitglied, welches als letztes in das SET gelangte, erhält beim Herausholen die oberste Priorität;
Beispiel: ein Tellerstapel, wo stets der oberste Teller zuletzt hinzugefügt und auch wieder zuerst abgeholt wird.

RANKED - alle Mitglieder des SET haben ein gleichnamiges ATTRIBUTE, dessen Zahlenwert über die Priorität beim Herausholen entscheidet; dabei kann entweder der kleinste Zahlenwert oder der größte Zahlenwert mit der obersten Priorität ausgestattet werden.
Beispiel: "ALTER" sei ein TAT des TEN "KIND", dann können mehrere TEN "KIND" in ein RANKED SET "VOLK" altersmäßig eingeordnet werden.

Ein TEN oder ENO wird Mitglied (MEMBER) in einem SET durch die Anweisung FILE (siehe S.8-5) .

Ist in einem Simulationsprogramm die Mitgliedschaft eines TEN oder ENO in einem SET vorgesehen,
so müssen z u s ä t•z l i c h ATTRIBUTES vereinbart werden, die nur zur internen Organisation
im SET dienen; sie sind gekennzeichnet durch den Anfangsbuchstaben F,L,P,S gefolgt von dem
Namen des SET ; sie werden als MEMBER-ATTRIBUTES bezeichnet (beginnend mit P,S) , wenn sie
ATTRIBUTES eines Mitgliedes im SET sind, und als OWNER-ATTRIBUTES (beginnend mit F,L) , wenn
sie auf das erste oder letzte Mitglied im SET hinweisen; die Einzelheiten sind in den folgenden
Abschnitten beschrieben.

Als OWNER wird dasjenige ENTITY bezeichnet, zu dem das OWNER-ATTRIBUTE gehört.
Als MEMBER wird dasjenige ENTITY bezeichnet, zu dem das MEMBER-ATTRIBUTE gehört; MEMBER bedeutet
"Mitglied in einem SET" .

Ein SET kann   indexfrei, einfach indiziert oder doppelt indiziert sein; sei "nset" der Name
des SET, dann gilt für die zusätzlichen ATTRIBUTES "F-nset" und "L-nset" (OWNER-ATTRIBUTES) :

- als PAT zu vereinbaren, wenn das SET i n d e x f r e i oder d o p p e l t indiziert ist.
- als TAT zu vereinbaren, wenn das SET e i n f a c h indiziert ist und der Index durch ein TEN
     oder ENO gebildet wird;Beispiel: FILE BIT IN REG(VERMI),wo "VERMI" ein TEN ist und ein TAT
     "FREG" besitzt, das die Kennadresse mit der höchsten Priorität im SET "REG(VERM1)"
     anzeigt.
- als PAT zu vereinbaren, wenn das SET e i n f a c h indiziert ist und der Index durch eine
     ganze Zahl gebildet wird; Beispiel: FILE BIT IN REG(I); in diesem Fall muß das einfach
     indizierte PAT "FREG" vereinbart sein, dessen I-tes Element die Kennadresse mit der
     höchsten Priorität im SET "REG(I)" enthält .
Die zusätzlichen ATTRIBUTES "S-nset" und "P-nset" (MEMBER-ATTRIBUTES) gehören stets zu den TEN
oder ENO, die als Mitglieder in das SET eingeordnet werden sollen.

16.4.2. Das LIFO-SET   ((7-19))

ZUSÄTZLICHES ATTRIBUTE	ENTHÄLT KENNADRESSE DES	ATTRIBUTE GEHÖRT ZU
S-nset	Nachfolgers beim Herausholen	jedem MEMBER
F-nset	MEMBER mit der höchsten Priorität im SET	dem OWNER

SPEICHERBILD: das TEN "ATOM" bestehe aus 4 aufeinanderfolgenden Worten (für die ATTRIBUTES) und sei in der Reihenfolge A,B,C (BILD16-26) in das LIFO-SET "DRAT" eingeordnet worden. Dann besitzt die Kennadresse von C die höchste Priorität und ist daher im OWNER-ATTRIBUTE "FDRAT" abgespeichert. Als Wort 2 des TEN "ATOM" sei im DEFI-Formular das zusätzliche ATTRIBUTE "SDRAT" vereinbart, welches den jeweiligen Nachfolger anzeigt. Die MEMBER A,B,C seien ab den Speicherzellen 300, 400,500 untergebracht; dann ergibt sich das folgende Speicherbild:

OWNER   3 MEMBERS

"FDRAT"   499

"SDRAT"   0 kein Nachfolger   "ATOM" A   (299, 300, ., 303)

"SDRAT"   299   "ATOM" B   (399, 400, ., 403)

"SDRAT"   399   "ATOM" C   (499, 500, ., 503)

BILD 16-26 : Speicherbild für ein LIFO-SET

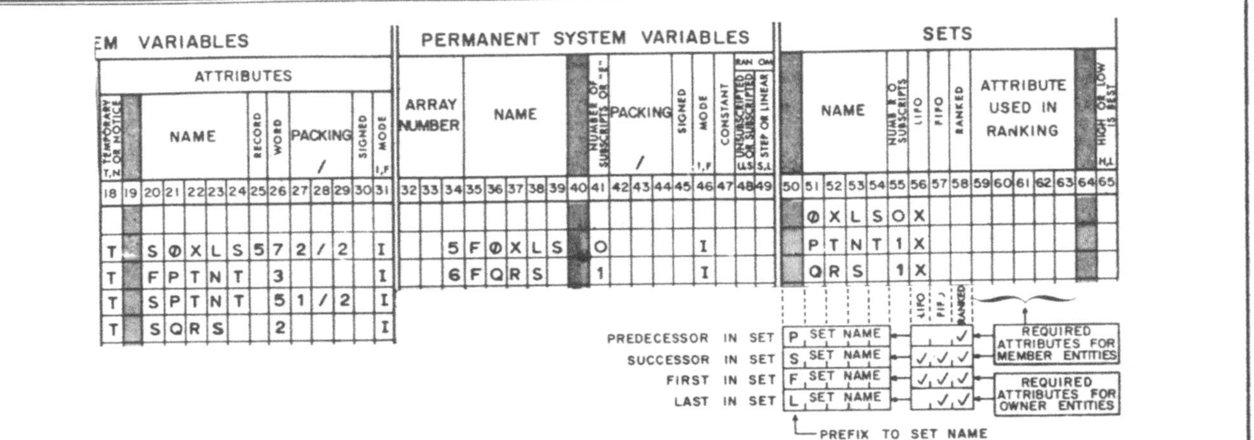

ERLÄUTERUNG

"OXLS" ist ein LIFO-SET, bei dem die Kennadresse mit der höchsten Priorität in dem PAT "FOXLS" enthalten ist; jedes MEMBER hat in Position 2/2 von Wort 7 im satellite record Nummer 5 die Kennadresse des"Nachfolgers im SET" abgespeichert als TAT "SOXLS" .

"QRS" ist ein SET, bei dem die Kennadresse mit der höchsten Priorität in dem PAT "FQRS" enthalten ist; QRS und FQRS sind je einfach indiziert; jedes MEMBER hat in Wort 2 des master record die Kennadresse des"Nachfolgers im SET" abgespeichert als TAT "SQRS" .

"PTNT" ist ein LIFO-SET, bei dem die Kennadresse mit der höchsten Priorität in dem TAT "FPTNT" enthalten ist; dieses TAT ist für dasjenige TEN vereinbart, welches dem SET als Index dient(S. 16-25); jedes MEMBER hat in Position 1/2 von Wort 5 im master record die Kennadresse des "Nachfolgers im SET" abgespeichert als TAT "SPTNT" .

16.4.3. Das FIFO-SET   ((7-22))

ZUSÄTZLICHES ATTRIBUTE	ENTHÄLT KENNADRESSE DES	ATTRIBUTE GEHÖRT ZU
S-nset	Nachfolgers beim Herausholen	jedem MEMBER
F-nset	MEMBER mit der höchsten Priorität im SET	dem OWNER
L-nset	MEMBER mit der niedersten Priorität im SET	dem OWNER

SPEICHERBILD: Das TEN "ATOM" bestehe aus 4 aufeinanderfolgenden Worten (für die ATTRIBUTES) und sei in der Reihenfolge A,B,C (BILD16-28) in das FIFO-SET "DRAT" eingeordnet worden. Dann besitzt die Kennadresse von A die oberste Priorität und ist daher im OWNER-ATTRIBUTE "FDRAT" abgespeichert. Als Wort 2 des TEN "ATOM" sei im DEFI-Formular das zusätzliche ATTRIBUTE "SDRAT" vereinbart, welches den jeweiligen Nachfolger anzeigt. Zusätzlich ist noch das OWNER-ATTRIBUTE "LDRAT" vorgesehen, welches die Kennadresse mit niederster Priorität bezüglich des Herausholens enthält. Die MEMBER A,B und C seien ab den Speicherzellen 300,400 und 500 untergebracht; dann ergibt sich das folgende Speicherbild:

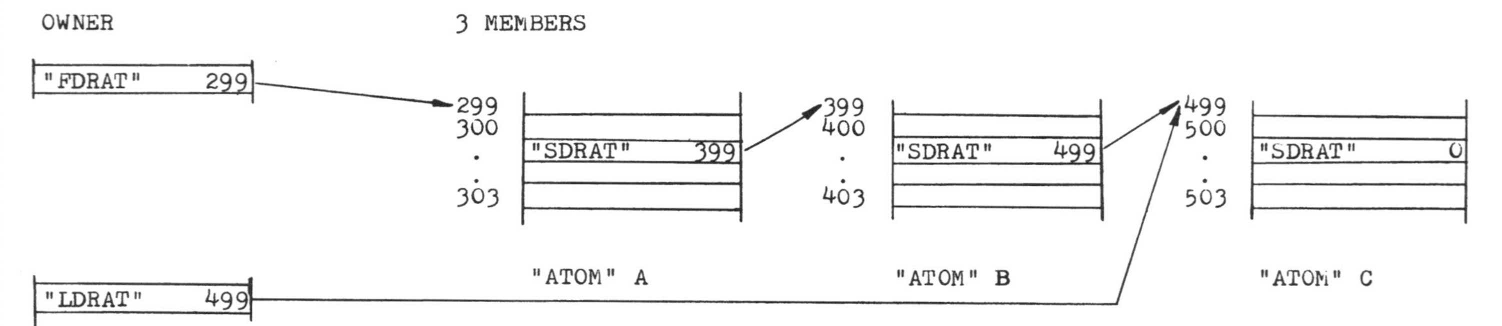

BILD 16-28 : Speicherbild für ein FIFO-SET

BEISPIEL (FIFO-SET)

SYSTEM VARIABLES

TEMPORARY OR NOTICE T,N	NAME	RECORD	WORD	PACKING /	SIGNED	MODE I,F
T	S T I N A	3				I
T	S J OE		4	2 / 2		I
N	F J OE		5	1 / 2		I
N	L J OE		5	2 / 2		I
T	S B A S E		6			I

PERMANENT SYSTEM VARIABLES

ARRAY NUMBER	NAME	NUMBER OF SUBSCRIPTS OR "E"	PACKING /	SIGNED	MODE I,F	CONSTANT	UNSUBSCRIPTED OR SUBSCRIPTED U.S,S.L	STEP OR LINEAR	RANKED
7	F T I N A	O			I				
9	L T I N A	O			I				
1 1	F B A S E	2			I				
1 3	L B A S E	2			I				

SETS

NAME	NUMBER O SUBSCRIPTS	LIFC	FIFO	RANKED	ATTRIBUTE USED IN RANKING	HIGH OR LOW IS BEST
T I N A			X			
J OE	1		X			
B A S E 2			X			

ERLÄUTERUNG

"TINA" ist ein FIFO-SET, bei dem die Kennadresse mit der höchsten Priorität in dem PAT "FTINA" und
die Kennadresse mit der niedersten Priorität in dem PAT "LTINA" enthalten ist; jedes MEMBER hat
in Wort 3 des master record die Kennadresse des"Nachfolgers im SET"abgespeichert als
TAT "STINA" .

"JOE" ist ein einfach indiz. FIFO-SET,bei dem die Kennadresse mit der höchsten Priorität in dem TAT
"FJOE" steht; "FJOE" gehört zu demjenigen ENO, das dem SET als Index dient (vgl.S.16-25).In diesem
ENO belegt "FJOE" die Position 1/2 des fünften Wortes im master record; dasselbe ENO besitzt
außerdem noch ein OWNER-ATTRIBUTE namens "LJOE" in Position 2/2 des fünften Wortes im master

10 Kampe

record; der Inhalt von "LJOE" ist die Kennadresse mit der niedersten Priorität im SET . Für alle
MEMBER des SET ist schließlich noch das TAT "SJOE" in Position 2/2 des vierten Wortes im master
record vereinbart; in "SJOE" steht die Kennadresse des jeweiligen "Nachfolgers im SET" .

"BASE" ist ein doppelt indiziertes FIFO-SET; die zu jeder Indexkombination gehörende Kennadresse
mit der höchsten Priorität im betreffenden SET steht in dem doppelt indizierten PAT "FBASE" ;
die Kennadresse mit der niedersten Priorität im betreffenden SET steht in dem doppelt indizierte
PAT "LBASE" ; Beispiel: Für das SET "BASE(2,5)" steht die Kennadresse mit der höchsten Priorität
in "FBASE(2,5)" und die Kennadresse mit niederster Priorität in "LBASE(2,5)" ; jedes MEMBER hat
ein TAT "SBASE" in Wort 6 des master record; "SBASE" enthält die Kennadresse des jeweiligen
"Nachfolgers im SET" .

16.4.4. Das RANKED-SET   ((7-24))

ZUSÄTZLICHES ATTRIBUTE	ENTHÄLT KENNADRESSE DES	ATTRIBUTE GEHÖRT ZU
S-nset	Nachfolgers beim Herausholen	jedem MEMBER
P-nset	Vorgängers beim Herausholen	jedem MEMBER
F-nset	MEMBER mit höchster Priorität im SET	dem OWNER
L-nset	MEMBER mit niederster Priorität im SET	dem OWNER

Außerdem haben alle MEMBER ein ATTRIBUTE, dessen Zahlenwert die Priorität des MEMBER im SET
festlegt; dabei kann der kleinste Zahlenwert ("LOW IS BEST") oder der größte Zahlenwert ("HIGH IS
BEST") die höchste Priorität bewirken, entsprechend der Vereinbarung im DEFI-Formular (Spalte 65) .

SPEICHERBILD: Das TEN "ATOM" bestehe aus 4 aufeinanderfolgenden Worten (für die ATTRIBUTES) und sei in der Reihenfolge B,C,A gemäß dem Zahlenwert des TAT "PRIOR" in das SET "DRAT" eingeordnet (siehe BILD16-31). Dann besitzt die Kennadresse von B die oberste Priorität und ist daher im OWNER-ATTRI-BUTE "FDRAT" abgespeichert. Als Wort 2 des TEN "ATOM" sei im DEFI-Formular das zusätzliche ATTRIBUTE "SDRAT" vereinbart, welches den jeweiligen Nachfolger anzeigt. Als Wort 3 des TEN "ATOM" sei im DEFI-Formular das zusätzliche ATTRIBUTE "PDRAT" vereinbart, welches den jeweiligen Vorgänger im SET anzeigt. Als Wort 4 des TEN "ATOM" sei schließlich das ATTRIBUTE "PRIOR" abgespei-chert, dessen Zahlenwert über die Priorität im SET entscheidet; der größte Zahlenwert habe die oberste Priorität. Zusätzlich ist noch das OWNER-ATTRIBUTE "LDRAT" vorgesehen, welches die Kennadresse mit der niedersten Priorität bezüglich des Herausholens enthält. Die MEMBER A,B und C seien ab den Speicherzellen 300,400 und 500 untergebracht; dann ergibt sich das folgende Speicherbild:

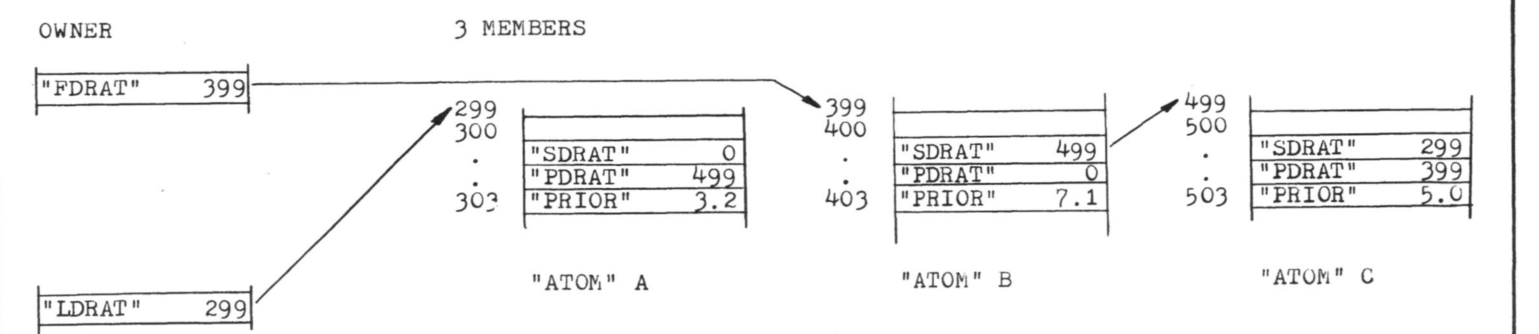

BILD 16-31 : Speicherbild für ein RANKED-SET

ĪM VARIABLES

ATTRIBUTES

18	19	20	21	22	23	24	25	26	27	28	29	30	31
T		S	T	Ø	M			1	1	/	2		I
T		P	T	Ø	M			1	2	/	2		I
T		H	G	H	T			2					F
T		F	D	A	T	E		3					I
T		L	D	A	T	E		7					I
T		S	D	A	T	E		8					I
T		P	D	A	T	E	1	3					I
T		A	P	E	L			4				X	F

(col 18 = TEMPORARY OR NOTICE, T,N; cols 20–25 = NAME; col 26 = RECORD; col 27 = WORD; cols 28–29 = PACKING; col 30 = SIGNED; col 31 = MODE, I,F)

PERMANENT SYSTEM VARIABLES

32	33	34	35	36	37	38	39	40	41	42	43	44	45	46	47	48	49
	2	3	F	T	Ø	M								I			
	1	2	L	T	Ø	M		0						I			

(cols 32–33 = ARRAY NUMBER; cols 34–39 = NAME; col 40 = NUMBER OF SUBSCRIPTS OR "E"; cols 41–45 = PACKING; col 45 = SIGNED; col 46 = MODE, I,F; col 47 = CONSTANT; col 48 = UNSUBSCRIPTED OR SUBSCRIPTED, U.S.S.; col 49 = STEP OR LINEAR / RANDOM, S.L.)

SETS

50	51	52	53	54	55	56	57	58	59	60	61	62	63	64	65
	T	Ø	M					X	H	G	H	T			H
	D	A	T	E	1			X	A	P	E	L			L

(cols 50–53 = NAME; cols 54–55 = NUMBER OF SUBSCRIPTS; col 56 = LIFO; col 57 = FIFO; col 58 = RANKED; cols 59–63 = ATTRIBUTE USED IN RANKING; cols 64–65 = HIGH OR LOW IS BEST, H,L)

ERLÄUTERUNG

"TOM" ist ein RANKED-SET, bei dem die Kennadresse mit der höchsten Priorität in dem PAT "FTOM" und die Kennadresse mit der niedersten Priorität in dem PAT "LTOM" enthalten ist; jedes MEMBER hat in Position 1/2 des ersten Wortes im master record die Kennadresse des "Nachfolgers im SET" abgespeichert (TAT "STOM") ; in Position 2/2 des ersten Wortes im master record befindet sich bei jedem MEMBER die Kennadresse des "Vorgängers im SET" (TAT "PTOM") . Dasjenige MEMBER, bei welchem das   TAT   "HGHT" (steht in Wort 2 des master record) den größten Zahlenwert hat,

erhält die oberste Priorität im SET (gekennzeichnet in Spalte 65!) .
"DATE" ist ein einfach indiziertes RANKED SET; die zu jedem Indexwert gehörende Kennadresse mit der
höchsten Priorität im betreffenden SET steht in dem TAT "FDATE" ; "FDATE" gehört zu demjenigen
TEN, das den Index des SET ergibt (vgl. S.16-25); dasselbe TEN hat außerdem noch ein TAT "LDATE"
in dem die Kennadresse mit der niedersten Priorität im betreffenden SET abgespeichert wird.
Jedes MEMBER des SET "DATE" besitzt in Wort 8 des master record ein TAT "SDATE", das die
Kennadresse des"Nachfolgers im SET"enthält; in Wort 3 des satellite record Nummer 1 befindet
sich außerdem bei jedem MEMBER das TAT "PDATE", in welchem die Kennadresse des"Vorgängers im
SET"abgespeichert wird. Maßgebend für die Priorität eines MEMBER ist das in Wort 4 des master
record enthaltene TAT "APEL" ; dasjenige MEMBER, bei welchem das TAT "APEL" den kleinsten
Zahlenwert hat, erhält die höchste Priorität (gekennzeichnet in Spalte 65!) .

16.5. Eintragungen in Feld 4 (Spalte 66..71) ((7-26))

Hier wird jedes vom Programmierer geschriebene FUNCTION-UP eingetragen; außer dem Namen ist der
MODUS anzugeben: - "I" , wenn das Ergebnis des Function-UP eine integer-Größe ist (dann muß der
                    Name des FUNCTION-UP mit I,J,K,L,M,N beginnen)
                  - "F" , wenn das Ergebnis des FUNCTION-UP eine real-Größe ist (Name beginnt nicht
                    mit I,J,K,L,M,N)

Ist ein FUNCTION-UP nicht im DEFI-Formular verzeichnet, so wird das UP zwar richtig übersetzt,
aber jeder Aufruf des FUNCTION-UP mißlingt.
Weitere Einzelheiten über FUNCTION-UP siehe S.13-5

17. INI-Formular   ((8-1))

17.1. Allgemeines

Im INI-Formular (INITIALIZATION FORM) sind die Anfangswerte der permanenten Variablen einzutragen (PEN,PAT) und zwar in der numerischen Reihenfolge der Feldnummern, die im DEFI-Formular (siehe S.16-12) in Spalte 32..34 eingetragen wurden; ist dort eine Feldnummer ausgelassen worden, so muß diese Feldnummer trotzdem im INI-Formular vertreten sein (sinnvollerweise lesen wir in diesem Fall den Wert Null ein); jede Zeile im INI-Formular wird in einer INI-Karte abgelocht; diese Karten bilden den INI-Block .

Sind im DEFI-Formular überhaupt keine permanenten Variablen vereinbart, so ist eine SYSTEM-SPECIFICATION-Karte (siehe unten) mit einer "1" in Spalte 1 und anschließend eine Leerkarte einzufügen. Wurden jedoch permanente Variable im DEFI-Formular eingetragen, so müssen sowohl bei einer SIMULATION als auch bei einem simulationsfreien Programm INI-Karten erstellt werden.

Das INI-Formular ist auf S.17-3 abgebildet.

Sämtliche Beispiele für die Beschriftung des INI-Formulars sind aufS.17-19undS.17-20zusammengefaßt.

17.2. Die SYSTEM-SPECIFICATION-Karte   ((8-1))

Sie wird dem INI-Block vorangestellt ; Spalte 1 sowie 7..12 sind stets auszufüllen, während die restlichen Felder leer bleiben können; dann nimmt die PS den betreffenden Standardwert an (siehe S.17-2) .

Die SYSTEM-SPECIFICATION-Karte ist stets von dem normalen Eingabe-File (File 60) aus einzulesen.Der

Vordruck für die folgende Ablochvorschrift befindet sich am oberen Rand des INI-Formulars.

SPALTE	STANDARD-WERT	ERLÄUTERUNG
1		"1" zur Kennzeichnung der SYSTEM-SPECIFICATION-Karte; stets zu lochen .
2		leer oder O : INI-Karten werden auf dem OUTPUT-Tape nicht gespeichert bel. Zeichen: INI-Karten werden auf dem OUTPUT-Tape gespeichert und erscheinen im Ausgabe-Protokoll.
7..12		größte Feldnummer aus Spalte 32..34 des DEFI-Formulars (siehe S.16-13), stets anzugeben, rechtsbündig geschrieben
13..18	60	Minuten je Stunde (simulierte Zeit!) ,rechtsbündig
19..24	24	Stunden je Tag (simulierte Zeit!) ,rechtsbündig
25		nur verwendet, wenn nach einem Halt der Programmausführung ein neuer Lauf mit neuen INI-Karten eingeleitet werden soll (Trennung der INI-Blocks erfolgt mit 7-8-9-Karten, den sogenannten END OF RECORD-Karten); "1" bedeutet: weiterer Lauf nach einem STOP "2" bedeutet: weiterer Lauf nach einem ERROR ABORT "3" bedeutet: weiterer Lauf nach STOP oder ERROR ABORT
31..36	60	File-Nummer des INI-Blocks,rechtsbündig
37..42	60	File-Nummer für die EXOG EVENT-Karten (siehe S.11-1) ,rechtsbündig
43..48	61	File-Nummer für den REPORT oder die REPORTS ,rechtsbündig
49..54	55	Anzahl der Zeilen, die maximal auf 1 REPORT-Seite gedruckt werden,rechtsbünd.
55..72		beliebiger Kommentar

SIMSCRIPT INITIALIZATION FORM

PROGRAM

ROUTINE

CONTROL DATA

NAME

DATE   PAGE   OF

SYSTEM SPECIFICATION CARD

	MAXIMUM ARRAY NUMBER	MINUTES PER HOUR	HOURS PER DAY		INITIAL CONDITIONS TAPE	EXOGENOUS EVENTS TAPE	REPORT TAPE	LINES PER PAGE	COMMENT	IDENTIFICATION
01 02 03 04 05 06	07 08 09 10 11 12	13 14 15 16 17 18	19 20 21 22 23 24	25 26 27 28 29 30	31 32 33 34 35 36	37 38 39 40 41 42	43 44 45 46 47 48	49 50 51 52 53 54	55 56 57 58 59 60 61 62 63 64 65 66 67 68 69 70 71 72	73 74 75 76 77 78 79 80
1		6 0	2 4		6 0	6 0	6 1	5 5		

← THESE VALUES ARE AUTOMATICALLY IN-
SERTED IF THE FIELD IS LEFT BLANK

INITIALIZATION CARDS

ARRAY NUMBER		NUMBER OF SUBSCRIPTS	READ-IN VALUES	SET TO ZERO	LIST AND TABLE DIMENSIONS				LIST PACKING	TABLE READ-IN					RANDOM LOOK-UP TABLES				INITIAL VALUE OR FORMAT FIELD DESCRIPTION	COMMENT	IDENTIFICATION
					ROWS		COLUMNS			ACROSS ROWS	DOWN COLUMNS NEW CARD AT BREAK	FULL CARD	PACKING	RAGGED TABLE	UNSUBSCRIPTED	SUBSCRIPTED	STEP FUNCTIONS	LINEAR INTERPOLATION / INDIVIDUAL PROBABILITIES / CUMULATIVE PROBABILITIES			
FROM	TO				NUMBER OF ROWS	ARRAY NUMBER OF ATTRIBUTE EQUAL TO NO. OF ROWS	NUMBER OF COLUMNS	ARRAY NUMBER OF ATTRIBUTE EQUAL TO NO. OF COLUMNS		R	C N F		2A	R	U	S	S	L I C			
01 02 03 04 05 06 07 08	09	10 11	12	13	14 15 16 17 18	19 20 21 22	23 24 25 26	27 28 29 30	31	32 33 34 35	36	37 38 39 40 41	42	43 44 45 46 47 48	49 50 51 52 53 54 55 56 57 58 59 60 61 62 63 64 65 66	67 68 69 70 71 72	73 74 75 76 77 78 79 80

AA 1709 (FORMERLY CA 252)

INI-Formular

BEMERKUNG: Die Grundzahl "RANDR" des Zufallsgenerators kann nicht mit der SYSTEM-SPECIFICATION-Karte verändert werden; eine Änderung ist nur in einem EXOG EVENT möglich, wenn die Grundzahl als Oktalzahl auf einer EVENT-Karte abgelocht wird. Das folgende kurze EXOG EVENT sollte dann zu Beginn der Simulation aufgerufen werden:

```
EXOGENOUS EVENT RANSTR
SAVE
READ I
FORMAT(S6,Ø20)
STORE I IN RANDR
RETURN
END
```

17.3. INI-Karte für T e i l w o r t e , die eine real-Größe beinhalten ((8-3))

Die Binärdarstellung einer Dezimalzahl, die in einem Teilwort(z.B.Halbwort) abgespeichert wird, hat im Speicher zwei unterschiedliche Formen, jenachdem, ob das Vorzeichen berücksichtigt wird oder nicht.

Beispiel:

"1.0" als vorzeichenbehaftete Zahl im Halbwort = 010 000 011 000 000 000 000 000 000 000

"1.0" als vorzeichenlose Zahl im Halbwort   = 100 000 011 000 000 000 000 000 000 000

Entsprechend ist beim Einlesen eines Teilwortes die FORMAT-Feldbeschreibung in der INI-Karte unterschiedlich zu wählen: - "D" , wenn die real-Größe ein vorzeichenbehaftetes Teilwort ist;
                                           - "U" , wenn die real-Größe ein vorzeichenloses Teilwort ist.

Die hierbei gemachten Eintragungen müssen mit den Angaben im DEFI-Formular übereinstimmen: ist die Spalte 45 im DEFI-Formular leer, so wird im INI-Formular bei der als Teilwort vereinbarten real-Größe in der Formatangabe ein "U" gesetzt, andernfalls ein "D".

Das FORMAT "U" wird nur im INI-Formular verwendet und ist unzulässig in den übrigen Programmteilen.

17.4. INI-Karte für das indexfreie PAT

Die indexfreien PAT werden einzeln durch je eine INI-Karte oder als Serie mit einer gemeinsamen INI-Karte eingelesen, wobei Datenkarten folgen können. Das Einlesen einer Serie ist nur zulässig, wenn die PAT der Serie aufeinanderfolgende Feldnummern haben, gleichen MODUS aufweisen, und wenn beim Einlesen der Zahlenwerte eine einheitliche FORMAT-Feldbeschreibung für alle PAT der Serie möglich ist; das FORMAT "S" (Skip) ist im INI-Formular nicht erlaubt .

Vorzeichenlose real-Teilworte sind mit dem FORMAT "U" einzulesen, für vorzeichenbehaftete real-Teilworte wird das FORMAT "D" verwendet (siehe S.17-4) .

HINWEIS: Alle Angaben zum indexfreien PAT gelten auch für das PEN .

17.4.1. Ein einzelnes indexfreies PAT   ((8-4))

SPALTE	INHALT	ERKLÄRUNG
1..4	ganze Zahl	Feldnummer des indexfreien PAT, rechtsbündig geschrieben
10	O oder leer	PAT hat keinen Index
12,13		"Z" in Spalte 13 : PAT wird nullgesetzt "R" in Spalte 12 : Anfangswert des PAT wird eingelesen
50..66		nur auszufüllen, wenn in Spalte 12 ein "R" steht ; in diesem Fall ist der Anfangswert des PAT an einer beliebigen Stelle innerhalb dieser Spalten einzutragen; Zeitgrößen und alphanumerische Daten müssen in nachfolgenden Datenkarten eingelesen werden; dann steht in Spalte 50..66 lediglich das gewählte FORMAT. Der MODUS der Zahlenwerte muß mit den Angaben im DEFI-Formular übereinstimmen.
BEISPIEL : Feldnummer 1..3 auf S.17-19		

17.4.2. Eine Serie von indexfreien PAT

SPALTE	INHALT	ERKLÄRUNG
1..4	ganze Zahl	kleinste Feldnummer innerhalb der Serie, rechtsbündig geschrieben
5..8	ganze Zahl	größte Feldnummer innerhalb der Serie, rechtsbündig geschrieben
10	0 oder leer	die PAT der Serie sind indexfrei
12,13		"Z" in Spalte 13 : die PAT der Serie werden gemeinsam nullgesetzt "R" in Spalte 12 : die Anfangswerte der PAT werden nacheinander eingelesen
50..66		nur auszufüllen, wenn in Spalte 12 ein "R" steht; in diesem Fall wird innerhalb dieser Spalten an beliebiger Stelle eine einzelne FORMAT-Feldbeschreibung in Klammern gesetzt, die angibt, in welchem FORMAT die Anfangswerte der PAT auf nachfolgenden Datenkarten erscheinen; eine Konstante kann der Klammer vorangestellt werden und zeigt dann an, wieviele Felder des angegebenen FORMATES auf einer Datenkarte aneinandergereiht sind; Beispiel: 6(D2.5) bedeutet, daß auf jeder Datenkarte ab Spalte 1 sechs Felder zu je 8 Spalten einzulesen sind. Wenn also die Serie der PAT z.B. von Feldnummer 12 bis Feldnummer 22 reicht, so sind die Daten auf 2 Datenkarten verteilt , und zwar auf der ersten Datenkarte 6 Werte und auf der zweiten Datenkarte nur 5 Werte (das sechste Feld bleibt leer) ,vgl.S.11-4 . Der MODUS der abgelochten Zahlenwerte muß mit den Angaben im DEFI-Formular übereinstimmen.

BEISPIEL : Feldnummer 4..11 , 12..22 auf S.17-19

17.5. INI-Karte für das einfach indizierte PAT ((8-6))

Die einfach indizierten PAT werden einzeln durch je eine INI-Karte oder als Serie mit einer gemeinsamen INI-Karte eingelesen, wobei Datenkarten folgen können. Das Einlesen einer Serie ist nur zulässig, wenn die PAT der Serie aufeinanderfolgende Feldnummern haben, gleichen MODUS aufweisen, dieselbe Anzahl von Elementen besitzen und alle gemeinsam Null gesetzt werden.

17.5.1. Ein einzelnes einfach indiziertes PAT

SPALTE	INHALT	ERKLÄRUNG
1..4	ganze Zahl	Feldnummer des einfach indizierten PAT, rechtsbündig geschrieben
10	1	PAT ist einfach indiziert
12,13		"Z" in Spalte 13 : alle Elemente des PAT werden nullgesetzt "R" in Spalte 12 : für jedes Element des einfach indizierten PAT wird ein Anfangswert eingelesen
15..18	ganze Zahl	rechtsbündig geschrieben; gibt den maximalen Index (= Anzahl der Elemente des PAT) an
19..22	ganze Zahl	Feldnummer desjenigen indexfreien PAT (Bereichs-PAT) oder PEN, in dem der maximale Index abgespeichert ist (vgl.S.16-14); dies dient als interne Kontrolle der Angaben von Spalte 15..18 .
32..34	Position	nur bei Wortteilung; Angabe muß mit dem DEFI-Formular übereinstimmen!
50..66		nur auszufüllen, wenn in Spalte 12 ein "R" steht; in diesem Fall wird innerhalb dieser Spalten an beliebiger Stelle eine einzelne FORMAT-Feldbeschreibung in Klammern gesetzt, die angibt, in welchem FORMAT die Anfangswerte für die Elemente des PAT auf nachfolgenden Datenkarten erscheinen; eine

Fortsetzung S.17-8

Konstante kann der Klammer vorangestellt werden und zeigt dann an, wieviele Felder des angegebenen FORMATES auf _einer_ Datenkarte aneinandergereiht sind; _Beispiel_: 2(I10) bedeutet, daß auf jeder Datenkarte ab Spalte 1 zwei Felder zu je 10 Spalten einzulesen sind. Wenn also das einfach indizierte PAT z.B. 5 Elemente enthält, so sind die Anfangswerte auf 3 Datenkarten verteilt, und zwar auf den ersten beiden Datenkarten jeweils 2 Werte und auf der dritten Datenkarte nur 1 Wert (das zweite Feld bleibt frei).
Der MODUS der abgelochten Zahlenwerte muß mit den Angaben im DEFI-Formular übereinstimmen.

BEISPIEL : Feldnummer 23,24 auf S.17-19

17.5.2. Eine Serie von einfach indizierten PAT (kann nur nullgesetzt werden!)

SPALTE	INHALT	ERKLÄRUNG
1..4	ganze Zahl	kleinste Feldnummer innerhalb der Serie, rechtsbündig geschrieben
5..8	ganze Zahl	größte Feldnummer innerhalb der Serie, rechtsbündig geschrieben
10	1	die PAT der Serie sind einfach indiziert
13	Z	die PAT der Serie werden gemeinsam nullgesetzt
15..18	ganze Zahl	rechtsbündig geschrieben; gibt den maximalen Index an (= Anzahl der Elemente in jedem PAT der Serie)
19..22	ganze Zahl	Feldnummer desjenigen indexfreien PAT (Bereichs-PAT) oder PEN, in dem der maximale Index abgespeichert ist (vgl. S.16-14); dies dient als interne Kontrolle der Angaben von Spalte 15..18 ; rechtsbündig geschrieben

BEISPIEL : Feldnummer 25..30 auf S.17-19

17.6. INI-Karte für das doppelt indizierte PAT   ((8-9))

Die doppelt indizierten PAT werden einzeln durch je eine INI-Karte oder als Serie mit einer gemeinsamen INI-Karte eingelesen; das Einlesen einer Serie ist nur zulässig, wenn die PAT der Serie aufeinanderfolgende Feldnummern haben, gleichen MODUS aufweisen, dieselbe Anzahl von waagerechten und senkrechten Reihen haben und alle gemeinsam nullgesetzt werden .

17.6.1. Ein einzelnes doppelt indiziertes PAT

SPALTE	INHALT	ERKLÄRUNG
1..4	ganze Zahl	Feldnummer des doppelt indizierten PAT, rechtsbündig geschrieben
10	2	PAT ist doppelt indiziert
12,13		"Z" in Spalte 13 : alle Elemente des doppelt indizierten PAT werden nullgesetz "R" in Spalte 12 : für jedes Element des doppelt indizierten PAT wird ein Anfangswert eingelesen
15..18	ganze Zahl	Anzahl der waagerechten Reihen des doppelt indizierten PAT, rechtsbündig geschrieben
19..22	ganze Zahl	Feldnummer desjenigen indexfreien PAT (Bereichs-PAT) oder PEN, in dem die Anzahl der waagerechten Reihen abgespeichert ist (vgl. S.16-17); dies dient als interne Kontrolle der Angaben von Spalte 15..18 ;rechtsbünd. geschrieben
23..26	ganze Zahl	Anzahl der senkrechten Reihen des doppelt indizierten PAT, rechtsbündig geschrieben
27..30	ganze Zahl	Feldnummer desjenigen indexfreien PAT (Bereichs-PAT) oder PEN, in dem die Anzahl der senkrechten Reihen abgespeichert ist (vgl. S.16-17); dies dient als interne Kontrolle der Angaben von Spalte 23..36 ;rechtsbünd. geschrieben

Fortsetzung S.17-10

SPALTE	INHALT	ERKLÄRUNG
36..37		nur auszufüllen, wenn in Spalte 12 ein "R" steht; gibt Auskunft über die Reihenfolge, in der die Elemente des doppelt indizierten PAT auf den nachfolgenden <u>Datenkarten</u> aufgereiht sind: "R" in Spalte 36 : die <u>waagerechten</u> Reihen des doppelt indizierten PAT werden nacheinander eingelesen; "C" in Spalte 37 : die <u>senkrechten</u> Reihen des doppelt indizierten PAT werden nacheinander eingelesen.
38,39		nur auszufüllen, wenn in Spalte 12 ein "R" steht; "N" in Spalte 38 : das erste Element einer neuen waagerechten bzw. senkrechten Reihe steht ab Spalte 1 einer neuen Datenkarte; "F" in Spalte 39 : das erste Element einer neuen waagerechten bzw. senkrechten Reihe schließt sich auf der Datenkarte unmittelbar an das letzte Element der vorhergehenden waagerechten bzw. senkrechten Reihe an.
40		"2" : Halbworte } diese Angabe muß mit den Eintragungen des DEFI-Formulars "4" : Viertelworte } übereinstimmen. Spalte 32..34 (siehe S.17-7) des INI- leer: Ganzworte } Formulars sind bei dopp. indiz. PAT ohne Bedeutung .
50..66		nur auszufüllen, wenn in Spalte 12 ein "R" steht; in diesem Fall steht innerhalb dieser Spalten an beliebiger Stelle eine <u>einzelne</u> FORMAT-Feldbeschreibung in Klammern gesetzt, die angibt, in welchem FORMAT die Anfangswerte für die Elemente des PAT auf nachfolgenden Datenkarten erscheinen; weitere Erläuterungen siehe S.17-7 zu Spalte 50..66. Der MODUS der abgelochten Zahlenwerte muß mit den Angaben im DEFI-Formular übereinstimmen.

BEISPIEL : Feldnummer 31,32 auf S.17-19

17.6.2. Eine Serie von doppelt indizierten PAT (kann nur nullgesetzt werden!)

SPALTE	INHALT	ERKLÄRUNG
1..4	ganze Zahl	kleinste Feldnummer innerhalb der Serie, rechtsbündig geschrieben
5..8	ganze Zahl	größte Feldnummer innerhalb der Serie, rechtsbündig geschrieben
10	2	die PAT der Serie sind doppelt indiziert
13	Z	die PAT der Serie werden gemeinsam nullgesetzt
15..18	ganze Zahl	Anzahl der waagerechten Reihen in jedem PAT der Serie, rechtsbündig geschrieben
19..22	ganze Zahl	Feldnummer desjenigen indexfreien PAT (Bereichs-PAT) oder PEN, in dem die Anzahl der waagerechten Reihen abgespeichert ist (vgl. S.16-17); dies dient als interne Kontrolle der Angaben von Spalte 15..18;rechtsbünd. geschrieben
23..26	ganze Zahl	Anzahl der senkrechten Reihen in jedem PAT der Serie, rechtsbündig geschrieben
27..30	ganze Zahl	Feldnummer desjenigen indexfreien PAT (Bereichs-PAT) oder PEN, in dem die Anzahl der senkrechten Reihen abgespeichert ist (vgl.S.16-17);dies dient als interne Kontrolle der Angaben von Spalte 23..26 ;rechtsbünd. geschrieben

BEISPIEL : Feldnummer 33..40 auf S.17-20

17.6.3. Das doppelt indizierte PAT als Spartabelle   ((8-11))

Eine Spartabelle ist ein doppelt indiziertes PAT, bei dem die waagerechten Reihen eine unterschiedliche Anzahl von Elementen aufweisen. Für das in BILD17-12 gezeigte doppelt indizierte PAT ergibt sich bei normaler Abspeicherung der Speicherbedarf nach (a), bei Eingabe als Spartabelle jedoch der wesentlich günstigere Speicherbedarf nach (b); zur Speicherplatz-Berechnung siehe S.16-15.

```
(a) normale Tabelle                    (b) Spartabelle

    1 2 3 4 5 6 7— senkrechte Reihen ——•1 2 3 4 5 6 7
  1 V V V V V V                      1 V V V V V V V      "V" = Element des PAT ist
  2 V 0 0 0 0 0                      2 V                        vorhanden
  3 V V V V V 0 0                    3 V V V V V          "O" = Element des PAT ist
  4 V V 0 0 0 0                      4 V V                      nicht vorhanden
  ↑                                  ↑
  waagerechte Reihen                 waagerechte Reihen

Speicherplatzberechnung :      (a)        (b)

  Feldnummer                   1 Wort     1 Wort
  Verteilerblock               4 Worte    4 Worte
  Sonderblocks insgesamt      28 Worte   15 Worte
  SUMME                       33 Worte   20 Worte
```

BILD 17-12 : zur Spartabelle

Jedes doppelt indizierte PAT kann als Spartabelle eingelesen werden, wenn die Elemente Ganzworte sind; jede Spartabelle benötigt eine INI-Karte, gefolgt von Datenkarten; auch der Anfangswert Null ist mit Datenkarten einzulesen!

SPALTE	INHALT	ERKLÄRUNG
1..4	ganze Zahl	Feldnummer des doppelt indizierten PAT, das als Spartabelle eingelesen wird, rechtsbündig geschrieben
10	2	PAT ist doppelt indiziert
12	R	die Elemente des PAT werden eingelesen
15..18	ganze Zahl	Anzahl der waagerechten Reihen des doppelt indizierten PAT, rechtsbündig geschrieben
19..22	ganze Zahl	Feldnummer desjenigen indexfreien PAT (Bereichs-PAT) oder PEN, in dem die Anzahl der waagerechten Reihen abgespeichert ist (vgl. S.16-17); dies dient als interne Kontrolle der Angaben von Spalte 15..18 ;rechtsbünd. geschrieben
36..40		keine Eintragungen; die PS nimmt intern an, daß eine waagerechte Reihe nach der anderen eingelesen wird und daß jede waagerechte Reihe in Spalte 1 einer neuen Datenkarte beginnt.
41	R	Kennzeichen für eine Spartabelle
50..66		eine einzelne FORMAT-Feldbeschreibung in Klammern gesetzt, die angibt, in welchem FORMAT die Elemente der Spartabelle auf nachfolgenden Datenkarten erscheinen; eine Konstante kann vor die Klammer gesetzt werden und zeigt dann an, wieviele Felder des angegebenen FORMATES auf einer Datenkarte aneinandergereiht sind .

BEISPIEL : Feldnummer 41 auf S.17-20

D a t e n k a r t e n : Da die Anzahl der senkrechten Reihen in der Spartabelle keine sinnvolle Information ist , bleibt Spalte 23..30 der INI-Karte leer; die Länge jeder waagerechten Reihe wird

17 — 13   INI-Formular

auf den Datenkarten in folgender Weise angegeben:

"C" in Spalte 72 der Datenkarte bedeutet, daß die Elemente einer waagerechten Reihe auf der
    folgenden Datenkarte fortgesetzt sind;
eine ganze Zahl in Spalte 71 und 72 rechtsbündig eingetragen bedeutet, daß auf dieser Datenkarte
    die letzten Elemente einer waagerechten Reihe stehen; die ganze Zahl gibt an, wieviele
    Elemente in eben dieser letzten Datenkarte eingetragen sind.

Aus den oben genannten Gründen darf bei Datenkarten für eine Spartabelle die Spalte 71 und 72
nicht für die Eintragung von Daten verwendet werden!

17.7. Das PAT als Zufallsgröße   ((8-13))

Die Wahrscheinlichkeitstafeln (WT) sind auf S.16-22 behandelt. Das Abspeichern der Werte wird
in folgender Weise durchgeführt:
- Treppenfunktion: für jeden Wert, den die Zufallsgröße annehmen soll, werden zwei Halbworte
    benötigt, wobei in Position 1/2 die Summenwahrscheinlichkeit oder die Einzelwahrscheinlich-
    keit steht und in Position 2/2 der zugehörige Zahlenwert der Zufallsgröße .
- Lineare Interpolationsfunktion: für jede Stützstelle der Verteilungskurve (vgl.S.16-23) werden
    drei Ganzworte benötigt, wobei in Wort 1 die Summenwahrscheinlichkeit, in Wort 2 der
    zugehörige Zahlenwert der Zufallsgröße und in Wort 3 die Steigung zur nächsten Stützstelle
    abgespeichert ist.
Der Programmierer hat keinen Einfluß auf diese Speicherplatz-Organisation .

Jede WT wird durch eine INI-Karte mit nachfolgenden Datenkarten eingelesen;
soll ein einfach indiziertes PAT als Zufallsgröße verwendet werden, so ist für jeden Wert, den
der Index annehmen kann, eine gesonderte WT einzugeben.

17.7.1. WT für ein indexfreies PAT   ((8-13))

SPALTE	INHALT	ERKLÄRUNG
1..4	ganze Zahl	Feldnummer des indexfreien PAT, das als Zufallsgröße eingelesen wird, rechtsbündig geschrieben
12	R	Kennzeichen für das Einlesen von Zahlenwerten
43	U	Kennzeichen einer indexfreien Zufallsgröße
45,46		"S" in Spalte 45 : Treppenfunktion "L" in Spalte 46 : lineare Interpolation zwischen Stützstellen
47,48		"I" in Spalte 47 : Einzelwahrscheinlichkeiten (unzulässig bei linearer Interpolation!) werden eingelesen; "C" in Spalte 48 : Summenwahrscheinlichkeiten werden eingelesen (der erste Zahlenwert in der Datenkarte muß 0.0 sein, der letzte Zahlenwert wird in jedem Fall intern gleich 1.0 gesetzt)
50..66		zwei FORMAT-Feldbeschreibungen in Klammern gesetzt, z.B. 5(D2.2,I6) : die erste FORMAT-Feldbeschreibung muß das FORMAT "D" vereinbaren; sie gibt an, in welchem FORMAT die Einzel- oder Summenwahrscheinlichkeiten in den nachfolgenden Datenkarten auftreten; die zweite FORMAT-Feldbeschreibung gibt an, in welcher Form die Zahlenwerte der Zufallsgröße in den nachfolgenden Datenkarten abgelocht sind; ist der Zahlenwert eine real-Größe, so ist FORMAT "U" (= vorzeichenlose Zahl) oder FORMAT "D" (= vorzeichenbehaftete Zahl) zu wählen; ferner gilt: - Treppenfunktion : jedes beliebige FORMAT außer dem alphanumerischen ist zugelassen - lineare Interpolation : nur Dezimalzahlen sind zugelassen, also FORMAT "U" bzw. FORMAT "D" (siehe oben) oder Dezimalstunden oder Tage:Std:Min.

BEISPIEL : Feldnummer 42 auf S.17-20

D a t e n k a r t e n : Die Konstante, welche in Spalte 50..66 der INI-Karte den zwei FORMAT-
Feldbeschreibungen vorangesetzt werden kann, gibt an, wieviele solche Zahlenpaare auf einer
Datenkarte abgelocht sind; ein Zahlenpaar darf nicht auf zwei Datenkarten aufgeteilt werden; alle
Datenkarten einer WT außer der letzten Datenkarte erhalten in Spalte 72 ein "C" ; in der letzten
Datenkarte der WT wird in Spalte 71,72 eine ganze Zahl rechtsbündig eingetragen, die angibt,
wieviele Zahlenpaare auf dieser letzten Datenkarte abgelocht sind.
Aus diesem Grund darf bei Datenkarten für eine WT die Spalte 71 und 72 nicht für die Eintragung
von Daten verwendet werden.

Daten für Summenwahrscheinlichkeiten werden in den Datenkarten in der Reihenfolge
        zunehmender Wahrscheinlichkeitswerte eingetragen.
Daten für Einzelwahrscheinlichkeiten werden intern aufsummiert in der Reihenfolge, wie sie in
        den Datenkarten aufgezählt sind.
In jedem Falle wird die letzte Summenwahrscheinlichkeit intern gleich 1.0 gesetzt unabhängig
        von den Eintragungen in den Datenkarten.

17.7.2. WT für ein einfach indiziertes PAT   ((8-15))

SPALTE	INHALT	ERKLÄRUNG
1..4	ganze Zahl	Feldnummer des einfach indizierten PAT, das als Zufallsgröße eingelesen wird, rechtsbündig geschrieben
12	R	Kennzeichen für das Einlesen von Zahlenwerten
15..18	ganze Zahl	rechtsbündig geschrieben; gibt den maximalen Index (= Anzahl der Elemente des PAT) an
19..22	ganze Zahl	Feldnummer desjenigen indexfreien PAT (Bereichs-PAT) oder PEN, in dem der maximale Index abgespeichert ist (vgl. S.16-14); dies dient als interne Kontrolle der Angaben von Spalte 15..18 ;rechtsbünd. geschrieben
44	S	Kennzeichen einer indizierten Zufallsgröße
45,46		"S" in Spalte 45 : die WT sind Treppenfunktionen "L" in Spalte 46 : die WT sind lineare Interpolationskurven zwischen Stützstellen .
47,48		"I" in Spalte 47 : Einzelwahrscheinlichkeiten (unzulässig bei linearer Interpolation!) werden eingelesen; "C" in Spalte 48 : Summenwahrscheinlichkeiten werden eingelesen (der erste Zahlenwert in der Datenkarte muß 0.0 sein, der letzte Zahlenwert wird in jedem Fall intern gleich 1.0 gesetzt).
50..66		zwei FORMAT-Feldbeschreibungen in Klammern gesetzt; weitere Erläuterungen siehe S.17-15 unter "SPALTE 50..66" .

BEISPIEL : Feldnummer 43 auf S.17-20

D a t e n k a r t e n : für jeden einzelnen Indexwert des einfach indizierten PAT ist eine WT
einzulesen, die jeweils auf einer neuen Datenkarte beginnt; das Ende einer WT wird auf der
letzten Datenkarte der WT in Spalte 71,72 durch eine ganze Zahl angezeigt, die angibt, wieviele
Zahlenpaare auf dieser letzten Datenkarte abgelocht sind; alle übrigen Datenkarten der WT
erhalten in Spalte 72 ein "C" .
Aus diesem Grund darf bei Datenkarten für die WT eines einfach indizierten PAT die Spalte 71
und 72 nicht für Eintragung von Daten verwendet werden.

17.8. Beispiele zum INI-Formular   Feldnummer 1..32   • = Datenkarte

INITIALIZATION CARDS

Form column map: ARRAY NUMBER — FROM (cols 01–04), TO (05–08); NUMBER OF SUBSCRIPTS (10); READ-IN VALUES R (12); SET TO ZERO Z (13); LIST-AND TABLE DIMENSIONS — ROWS: NUMBER OF ROWS (15–18), ARRAY NUMBER OF ATTRIBUTE EQUAL TO NO. OF ROWS (19–22); COLUMNS: NUMBER OF COLUMNS (23–26), ARRAY NUMBER OF ATTRIBUTE EQUAL TO NO. OF COLUMNS (27–30); LIST PACKING / (32–34); TABLE READ-IN — ACROSS ROWS R (36), DOWN COLUMNS C (37), NEW CARD AT BREAK N (38), FULL CARD F (39), PACKING (40), RAGGED TABLE R (41); RANDOM LOOK-UP TABLES — UNSUBSCRIPTED U (43), SUBSCRIPTED S (44), STEP FUNCTIONS S (45), LINEAR L (46), I (47), C (48); INITIAL VALUE OR FORMAT FIELD DESCRIPTION (50–66); COMMENT (67–72).

•	FROM	TO	NO. SUBSCR	R / Z	NO. ROWS	ATTR = ROWS	NO. COLS	ATTR = COLS	LIST PACKING	TABLE READ-IN	RANDOM LOOK-UP	INITIAL VALUE / FORMAT
	1		0	Z								
	2		0	R								5
	3		0	R								2
	4	11	0	Z								
	12	22	0	R								6(D2.5)
•	0.15		1.334		5.2		6.17		4.225		1.4	
•	4.443		23.1596		1.59		1.1		2.44			
	23		1	Z	5	2						
	24		1	R	5	2						2(I10)
•	1415424000				35000							
•			300			2						
•	480050											
	25	30	1	Z	5	2						
	31		2	Z	2	3	5	2				
	32		2	R	2	3	5	2		R N		3(I4)
•	10	24	144									
•	40	57										
•	7	12	1946									
•	136	88										

BEISPIELE zum INI-Formular, Feldnummer 33..43   = Datenkarte

INITIALIZATION CARDS

●	ARRAY NUMBER FROM	TO	No. of Subscr. / R / Z	No. of Rows	Array No. Attr. = rows	No. of Columns	Array No. Attr. = cols	List Packing	Table Read-in	Random Look-up Tables	Initial Value or Format Field Description	Comment
	33	40	2 ; Z	2	3	5	2					
	41		2 ; R	2	3				R (ragged table)		4(D2.2)	
●	5.2	24.6	15.7	4.88								C
●	17.4	1.5										2
●	0.0	0.0	.3									3
	42		R							U S C	5(D2.2,16)	
●	0.0		10 ; 0.2		20	0.4		35	0.7	40 0.9	50	C
●	1.0		65									1
	43		R	2	3					S L C	4(D1.2,D2.2)	
●	0.0	2.1	0.2	11.7	0.4	12.5	0.5	15.25				C
●	0.8	16.3	0.9	17.0	1.0	18.44						3
●	0.0	1.1	0.1	2.1	0.2	3.1	0.3	4.1				C
●	0.4	5.1	0.55	6.1	0.55	7.0	0.6	8.0				C
●	0.65	8.7	0.7	9.7	0.75	10.7	0.8	11.7				C
●	0.9	12.7	1.0	13.7								2

18. Das Ablochen eines SIMSCRIPT-Programms   ((2-2))

Der Text des SIMSCRIPT-Programms wird auf FORTRAN-Lochkarten abgelocht, und zwar unter Berück-
sichtigung der folgenden Regeln:

SPALTE	INHALT	ERKLÄRUNG
1	leer	die Spalten 2..72 enthalten eine SIMSCRIPT-Anweisung
	C	Kommentarkarte; in Spalte 7..72 darf ein beliebiger Text stehen, der von der Programmsteuerung (PS) überlesen wird. Auch Leerzeilen im Programmtext müssen durch ein "C" in Spalte 1 markiert sein!
	X,U,V,W,*	Kennzeichen für eine COMPASS-Einfügung (siehe S.12-6)
2..5	beliebige Buchstaben (kein XX) oder Ziffern	Marke für eine Anweisung; XX ist unzulässig, da der SIMSCRIPT-Compiler alle Marken durch Voransetzung von XX kennzeichnet. Eine Zeile, die außer der Marke keine weiteren Eintragungen enthält, ist zulässig; dies bringt Vorteile, wenn die auf diese Marke (in der nächsten Zeile) folgende Anweisung austauschbar sein soll.
6	beliebiges Zeichen	Fortsetzungs-Zeile; eine Anweisung kann auf maximal 99 Fortsetzungszeilen weitergeschrieben werden.
7..72	Anweisung	In SIMSCRIPT sind alle Worte einer Anweisung durch eine oder mehrere Leer-spalten zu trennen außer in den Fällen, wenn ein arithm. Operator, ein Komma, ein "=" oder Klammern auftreten.Kommas sind entsprechend den Regeln über die einzelnen Anweisungen einzufügen. Ein Wort darf nicht zwischen zwei Zeilen aufgeteilt werden. Mehr als eine Anweisung je Zeile ist unzulässig .
73..80	Buchstaben oder Ziffern	Für das SIMSCRIPT-Programm ohne Bedeutung; geeignet z.B. für eine Durch-numerierung des Kartenstapels .

Zur Vorbereitung des abzulochenden Textes können <u>Programmierformulare</u> nützlich sein, wie sie auf S.18-3 und S.18-4 abgebildet sind.

Als <u>ZEICHEN</u> stehen zur Verfügung:

<u>Buchstaben</u> : A B C D E F G H I J K L M N O P Q R S T U V W X Y Z
<u>Ziffern</u>   : 0 1 2 3 4 5 6 7 8 9
<u>Sonderzeichen</u>: + - * / ( ) . , = ' $

Bei SIMSCRIPT werden außerdem noch Programmier-Formulare für die Zustandsbeschreibung (DEFI-Formular, siehe S.16-4) , für die Eingabe der Anfangswerte (INI-Formular, siehe S.17-3) und für das Ausdrucken der Ergebnisse (REPORT-Formular, siehe S.14-2) benötigt.

Diese Formulare können unter folgender Bestellnummer bei der Firma CONTROL DATA CORPORATION angefordert werden:

- SIMSCRIPT Report Generator Layout Form . . . . AA 1708
- SIMSCRIPT Initialization Form . . . . AA 1709
- SIMSCRIPT Definition Form . . . . AA 1710

Aufgabe: _______________________ Datum: _____________ Name: _______________ Tel.: _________ Blatt ______ von _______

PROGRAMMIER - FORMULAR

18 — 3   Das Ablochen eines SIMSCRIPT-Programms

19. Kartenfolge in einem SIMSCRIPT-Job

Programm m i t Simulation

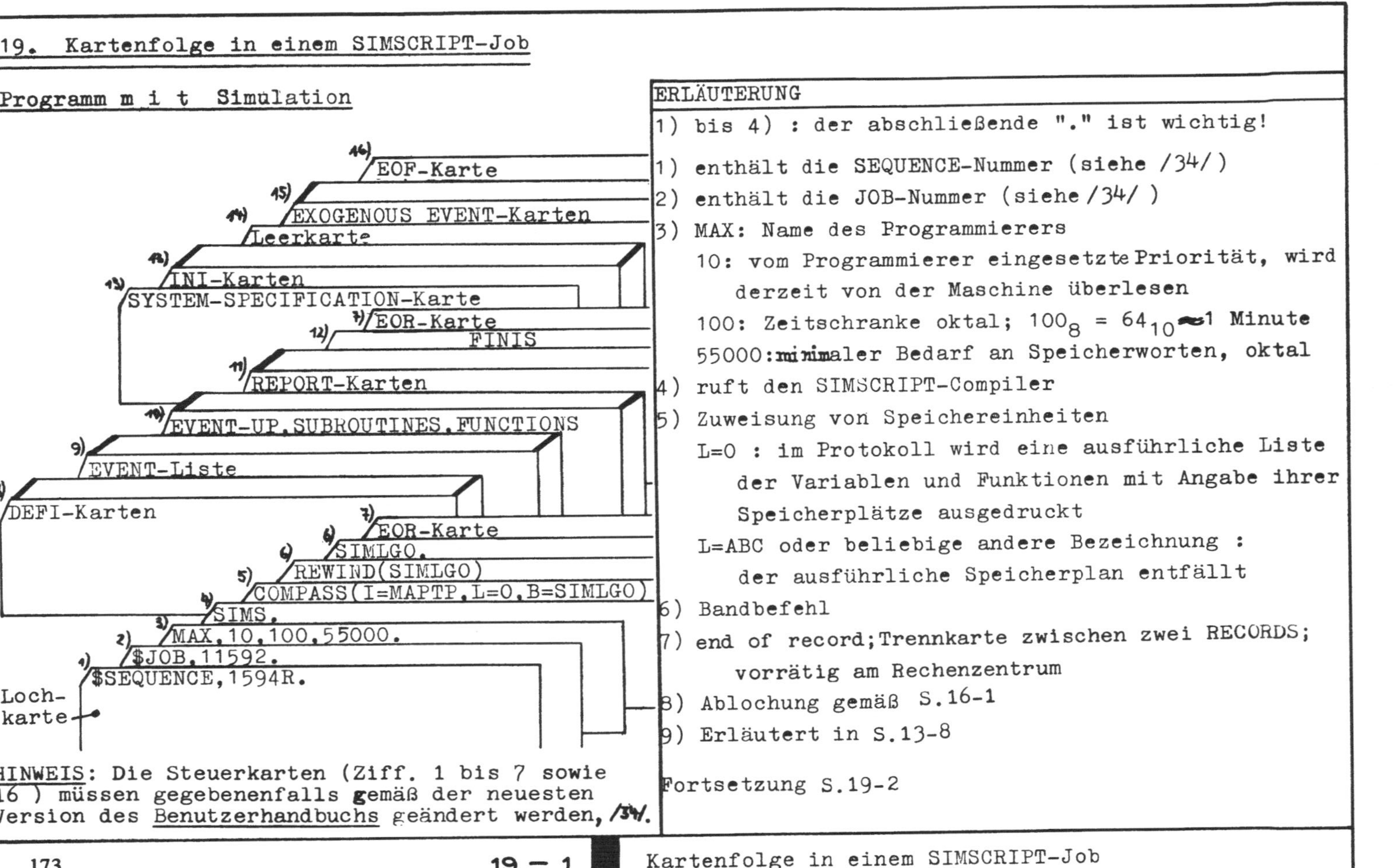

HINWEIS: Die Steuerkarten (Ziff. 1 bis 7 sowie 16) müssen gegebenenfalls gemäß der neuesten Version des Benutzerhandbuchs geändert werden, /34/.

ERLÄUTERUNG

1) bis 4) : der abschließende "." ist wichtig!

1) enthält die SEQUENCE-Nummer (siehe /34/)

2) enthält die JOB-Nummer (siehe /34/)

3) MAX: Name des Programmierers

10: vom Programmierer eingesetzte Priorität, wird derzeit von der Maschine überlesen

100: Zeitschranke oktal; $100_8 = 64_{10} \approx 1$ Minute

55000: minimaler Bedarf an Speicherworten, oktal

4) ruft den SIMSCRIPT-Compiler

5) Zuweisung von Speichereinheiten

L=0 : im Protokoll wird eine ausführliche Liste der Variablen und Funktionen mit Angabe ihrer Speicherplätze ausgedruckt

L=ABC oder beliebige andere Bezeichnung : der ausführliche Speicherplan entfällt

6) Bandbefehl

7) end of record;Trennkarte zwischen zwei RECORDS; vorrätig am Rechenzentrum

8) Ablochung gemäß S.16-1

9) Erläutert in S.13-8

Fortsetzung S.19-2

10) Die Unterprogramme

11) Erläutert in S.14-1

12) **FINIS**-Karte : gibt das Ende des eigentlichen
SIMSCRIPT-Programms an; das Wort "FINIS"
beginnt in Spalte 11 .

13) Erläutert in S.17-1

14) Nur an dieser Stelle zulässig !

15) Vorplanung der äußeren Ereignisse, eventuell
mit Datenkarten (siehe S.11-1)

16) end of file; Trennkarte zwischen zwei FILES;
vorrätig am Rechenzentrum

Zusätzlich kann zwischen 3) und 4) eine weitere Steuerkarte eingeschoben werden : MAP(PART) , wenn
im Ausgabe-Protokoll die Auflistung der Speicherbelegung unerwünscht ist, oder MAP(OFF) , wenn auch
der Programmtext im Ausgabe-Protokoll unterdückt werden soll (in diesem Fall werden nur die Ergebnisse abgedruckt); die Steuerkarte wird ab Spalte 1 gelocht .

Programm o h n e Simulation

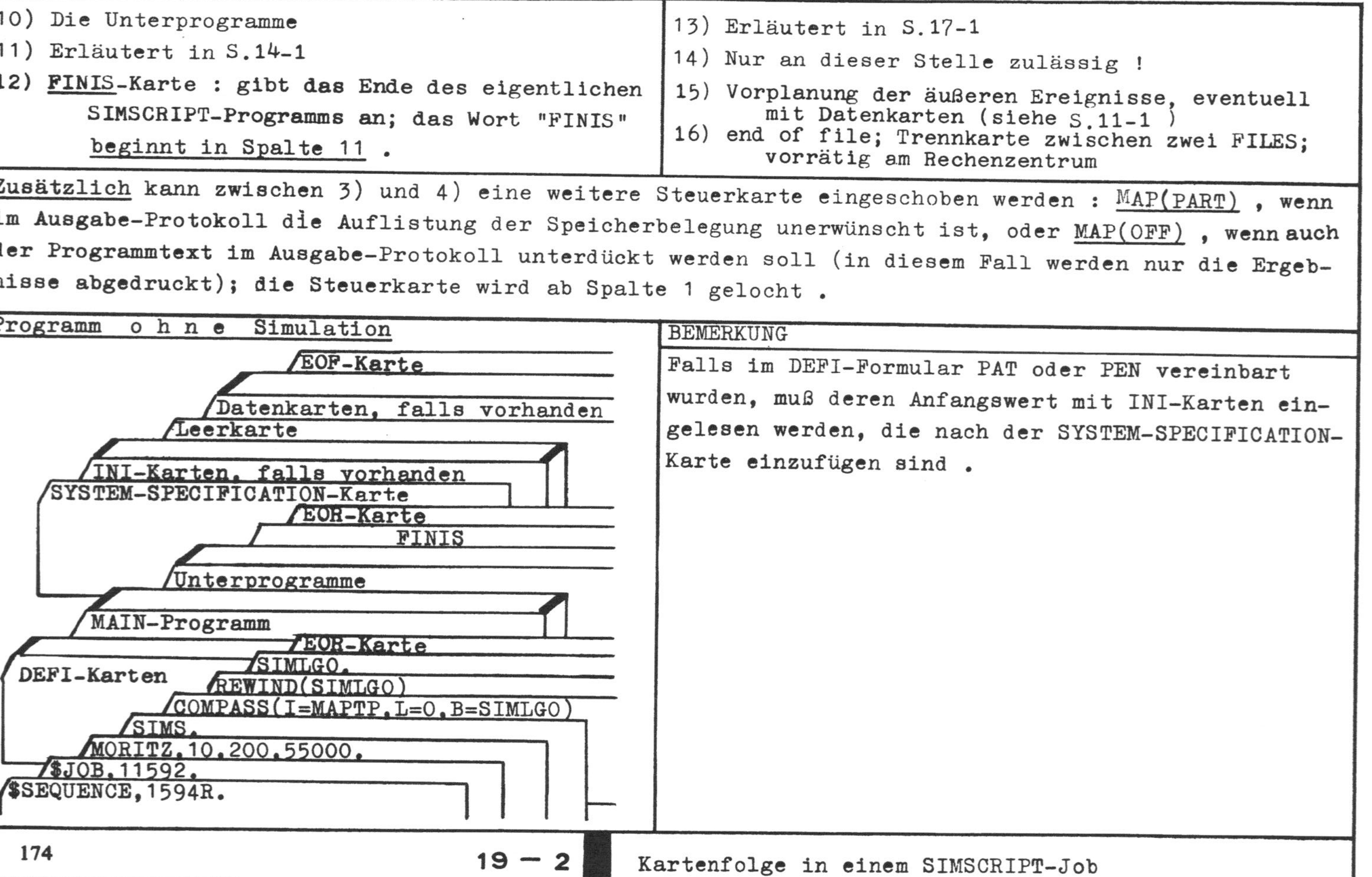

BEMERKUNG

Falls im DEFI-Formular PAT oder PEN vereinbart
wurden, muß deren Anfangswert mit INI-Karten eingelesen werden, die nach der SYSTEM-SPECIFICATION-
Karte einzufügen sind .

   Kartenfolge in einem SIMSCRIPT-Job

<u>20.</u> Ratschläge zum Programmieren in SIMSCRIPT   ((9-1))

1 - Vor dem Programmieren in SIMSCRIPT ist es nützlich, sich über die wichtigsten FORTRAN-
    Befehle zu informieren, die z.B. in /28/ gut beschrieben sind und an Hand von kleinen
    Aufgaben angewandt werden .

2 - Die Elemente des Simulations-Modells benennen und einteilen in ENTITIES,ATTRIBUTES,EVENTS
    und SETS; die Namen im DEFI-Formular eintragen; eventuell ein Flußdiagramm zeichnen.

3 - Unterprogramme schreiben; EVENT-Liste und EVENT-Karten anfertigen .

4 - Die Anfangsbedingungen festlegen und das INI-Formular ausfüllen; die INI-Karten sorgfältig (!)
    ablochen .

5 - Die abgelochten Karten hintereinanderfügen gemäß S.19-1

6 - Die Karten eingeben und dabei Variable, Kennadressen und Zeitgrößen an "kritischen" Programm-
    stellen ausdrucken lassen mit einem <u>Prüf-REPORT</u> ; Beispiel:

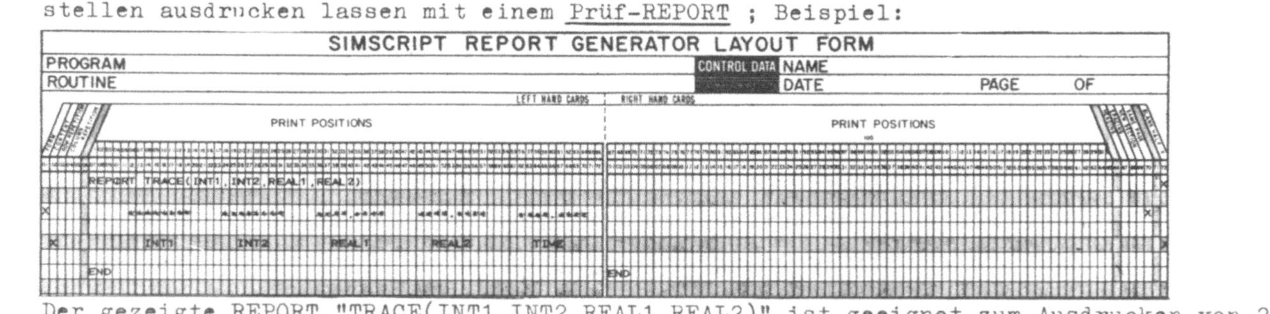

Der gezeigte REPORT "TRACE(INT1,INT2,REAL1,REAL2)" ist geeignet zum Ausdrucken von 2 integer-
Größen und 2 real-Größen; außerdem wird bei jedem Aufruf des REPORT der Wert der simulierten
Zeit (steht in der internen Variablen "TIME") dargestellt. INT1, INT2, REAL1, REAL2 sind
lokale Variable des REPORT TRACE . Wichtig ist vor allem die <u>Markierung in Spalte 70</u> ("SAME
PAGE", siehe S.14-12) , die verhindert, daß der REPORT TRACE, der ja nur eine Druckzeile be-

   Ratschläge zum Programmieren in SIMSCRIPT

beschreibt, bei jedem Aufruf auf einer neuen Druckseite abgedruckt wird .
Im Verlauf eines Programms sind z.B. die folgenden Anweisungen denkbar :

```
        CALL TRACE(1,MZEIT(WEG),A,X)
oder          IF N EQ 0, CALL TRACE (5,L,DAUER(RUF),WZ)
```

7 - Besonders darauf achten, daß keine Kennadresse durch eine falsche Anweisung verlorengeht, z.B.
..weil mit der Anweisung FILE die Kennadresse eines TEN oder ENO in zwei SETS eingereiht wird.
..weil mit der Anweisung FILE die Kennadresse eines TEN oder ENO in ein SET eingeordnet
wird, in welchem die betreffende Kennadresse bereits enthalten ist .
..weil mit der Anweisung REMOVE "SPECIFIC" die Kennadresse eines TEN oder ENO aus einem SET
herausgeholt werden soll, in welchem sie sich gar nicht befindet.
..weil die Anweisung REMOVE FIRST auf ein leeres SET angewandt wird .
..weil durch die Anweisung CAUSE ein bestimmtes ENO (d.h. eine bestimmte Kennadresse) mehrmals
in den inneren Kalender eingereiht wird .
..weil mit der Anweisung CANCEL ein ENO gestrichen werden soll, das noch gar nicht mit einer
Anweisung CAUSE in den inneren Kalender eingereiht wurde .
..weil mit der Anweisung DESTROY ein TEN oder ENO gelöscht wird, obwohl dieses TEN oder ENO
noch in einem SET enthalten ist .
..weil mit der Anweisung DESTROY ein TEN oder ENO gelöscht wird, bevor es mit der Anweisung
CREATE überhaupt erst gebildet ist.

8 - Ergebnistabelle im REPORT-Formular entwerfen.

9 - Endgültige Fassung des Programms eingeben und Prüf-REPORT erst entfernen, wenn alle
Fehlermöglichkeiten untersucht sind .

10- In schwierigen Fehlersituationen den Beratungsdienst am Rechenzentrum in Anspruch nehmen .

21. Programmbeispiele

21.1. Ein Programm ohne Simulation (entnommen aus /46/)

Für beliebig viele Zahlenwerte soll ein REPORT ausgedruckt werden, welcher die Anzahl, den
Mittelwert, die Varianz und die Streuung angibt.

Aufgabe: ______________________________ Datum: ___________ Name: ___________

PROGRAMMIER - FORMULAR

```
      MAIN ROUTINE
   10 READ FROM TAPE 5 , N, A
      FORMAT (I3,D6.6)
      IF (N) GE (1) , CALL ENDATA
      CREATE DATA
      FILE DATA IN LIST
      LET VALUE(DATA) = A
      GO TO 10
      END
      SUBROUTINE ENDATA
       COMPUTE   NX,MX,VX,SX = NUMBER,MEAN,VARIANCE,
    X  STD-DEV OF VALUE(DATA) , FOR ALL DATA OF LIST
      CALL NOWPR
      STOP
      END
```

Programmtext,
Beispiel 1

Aufgabe: _______________________________ Datum: __________ Name: __________

PROGRAMMIER - FORMULA

1	2	3	4	5	6	7	8	9	10	11	12	13	14	15	16	17	18	19	20	21	22	23	24	25	26	27	28	29	30	31	32	33	34	35	36	37	38	39	40	41	42	43	44	45	46	47	48	49	50	51	52	53	54	55	56	57
								1	.	O																																														
								2	.	O																																														
								3	.	O																																														
								4	.	O																																														
								5	.	O																																														
		1							.																																															

<u>Datenkarten,</u>
<u>Beispiel 1</u>

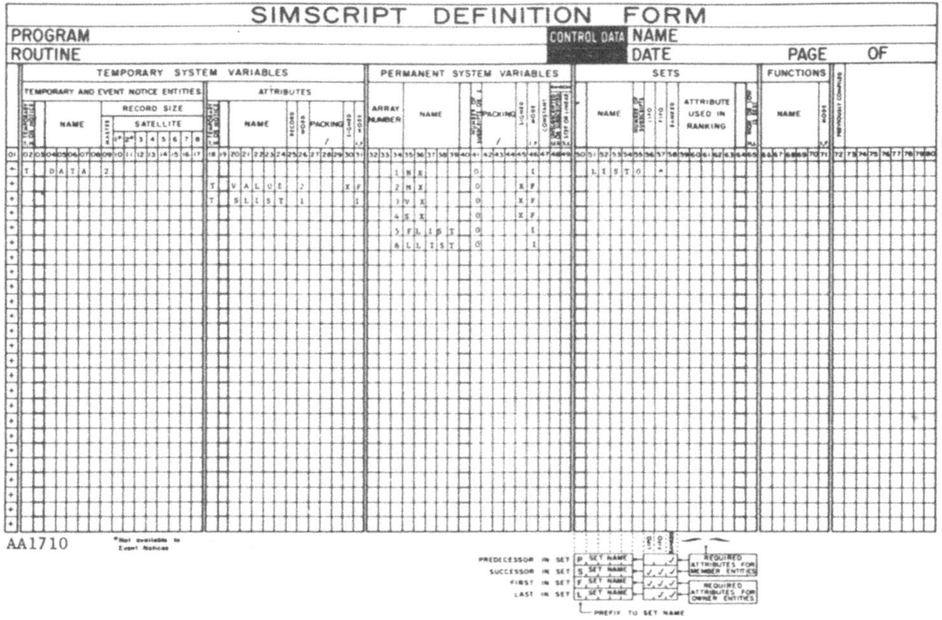

SIMSCRIPT DEFINITION FORM

PROGRAM

ROUTINE

CONTROL DATA NAME

DATE PAGE OF

TEMPORARY SYSTEM VARIABLES

TEMPORARY AND EVENT NOTICE ENTITIES: NAME	RECORD SIZE: MASTER	ATTRIBUTES	NAME	WORD	SIGNED	MODE
T DATA	2					
		T	VALUE	2	X	F
		T	SLIST	1		I

PERMANENT SYSTEM VARIABLES

ARRAY NUMBER	NAME		SIGNED	MODE
1	NX	0		I
2	MX	0	X	F
3	VX	0	X	F
4	SX	0	X	F
5	FLIST	0		I
6	LLIST	0		I

SETS

NAME		
LIST	0	*

FUNCTIONS: NAME, MODE

AA1710

PREDECESSOR IN SET P SET NAME

SUCCESSOR IN SET S SET NAME

FIRST IN SET F SET NAME

LAST IN SET L SET NAME

PREFIX TO SET NAME

REQUIRED ATTRIBUTES FOR MEMBER ENTITIES

REQUIRED ATTRIBUTES FOR OWNER ENTITIES

DEFI-Formular, Beispiel 1

SIMSCRIPT INITIALIZATION FORM

PROGRAM
ROUTINE

CONTROL DATA NAME
DATE   PAGE   OF

SYSTEM SPECIFICATION CARD

INITIALIZATION CARDS

AA1709

INI-Formular, Beispiel 1

SIMSCRIPT REPORT GENERATOR LAYOUT FORM

REPORT-Formular, Beispiel 1

Kartenfolge, Beispiel 1

```
Steuerkarten
———  ——  —— EOR-Karte } vgl.S.19-1
+T DATA 2                    1NX    0   1     LIST0 +
+           T VALUE 2   XF   2MX    0   XF
+           T SLIST 1   I    3VX    0   XF
+                            4SX    0   XF
+                            5FLIST 0   1
+                            6LLIST 0   I
     NON-SIMULATION
     MAIN ROUTINE
   1 READ FROM TAPE 5 , N, A
     FORMAT (13,D6.6)
     IF (N) GE (1) , CALL ENDATA
     CREATE DATA
     FILE DATA IN LIST
     LET VALUE(DATA) = A
     GO TO 10
     END
     SUBROUTINE ENDATA
       COMPUTE  NX,MX,VX,SX = NUMBER,MEAN,VARIANCE,
   X STD-DEV OF VALUE(DATA) , FOR ALL DATA OF LIST
     CALL NOWPR
     STOP
     END
                   REPORT NOWPR
X
                        NON-SIMULATION  SAMPLE  REPORT        X
X
                        NUMBER  *******                   3
X
                                      NX                  2
X
                        MEAN       *.******                  X
X
                                      MX                  2
X
                                                             X
```

```
X                        VARIANCE      *.******
X                                           VX            2
X                                                            X
X          STD-DEV      *.******    (STANDARD DEVI
ATION)                                                    2
X                                      SX
                                                             X
                                   END
                                        END
          FINIS
——— ——— ——— EOR-Karte (vgl.S.19-1)
EQUIP,5=60 ◄——————————————————— Bewirkt,daß INI-Karten und
1*        6                                Datenkarten auf Tape 5
     1  6  0  Z ◄——————— INI-Karte      eingelesen werden
——— ——— ——— Leerkarte
            1.0
            2.0
            3.0    } Datenkarten
            4.0
            5.0
   1        .    } EOF-Karte(vgl.S.19-1)
——— ——— ———

        NON-SIMULATION  SAMPLE  REPORT

        NUMBER       5

        MEAN        3.0

        VARIANCE    2.0

        STD-DEV    1.414214     (STANDARD DEVIATION)
```

Ergebnisliste,
Beispiel 1

21.2. Ausführliches Beispiel für ein Simulationsprogramm (entnommen aus /69/)

Als MODELL dient eine Werkhalle mit mehreren Maschinengruppen; innerhalb einer Gruppe sind die Maschinen gleichwertig; die Anzahl der Gruppen und die Anzahl der Maschinen in jeder einzelnen Gruppe werden zu Beginn der Simulation vorgegeben und bleiben während des Simulationsablaufs konstant. In vorgegebenen Zeitpunkten (simulierte Zeit) treffen Aufträge an der Werkhalle ein. Jeder Auftrag (ORDER) wird nacheinander an verschiedenen Maschinengruppen (MG) bearbeitet. Der Weg (ROUT) zwischen den Maschinengruppen und die Bearbeitungszeit (PTIME) bei jeder Maschinengruppe werden für jeden Auftrag gesondert eingegeben. Sobald ein Auftrag an einer Maschinengruppe abgefertigt ist, wird er sofort zur nächsten Maschinengruppe weitergeleitet und dort weiter bearbeitet, wenn eine Maschine der Gruppe frei ist; andernfalls wird der Auftrag in die Warteschlange (QUE) an dieser Maschinengruppe eingereiht; die Aufträge in der Warteschlange werden entsprechend der Reihenfolge ihrer Ankunft an der Maschinengruppe abgefertigt.
Als ERGEBNIS soll die mittlere Verweilzeit eines Auftrags in der Werkhalle und die mittlere Anzahl der bei jeder Maschinengruppe wartenden Aufträge ausgedruckt werden. Diese Daten sollen zu vorgegebenen Zeitpunkten während der Simulation berechnet werden.

21.2.1. Zum DEFI-Formular

Für die Zustandsbeschreibung wird das PEN "MG" und das TEN "ORDER" definiert; die Warteschlange der Aufträge , die an einer Maschinengruppe warten, wird als FIFO-SET (siehe S.16-28) vereinbart unter dem Namen QUE(MG); Mitglieder des SET sind die TEN "ORDER" und als Index oder OWNER dient das **PEN** "MG"; das FIFO-SET benötigt als zusätzliche ATTRIBUTES die einfach indizierten PAT "FQUE" (für die Kennadresse des Mitgliedes mit der höchsten Priorität im SET) und "LQUE" (für die Kennadresse des Mitgliedes mit der niedersten Priorität im SET); außerdem ist noch ein zusätz-

TEMPORARY SYSTEM VARIABLES								PERMANENT SYSTEM VARIABLES						SETS					FUNCTIONS		
TEMPORARY AND EVENT NOTICE ENTITIES			**ATTRIBUTES**																		
T,N	NAME	RECORD SIZE	T,N	NAME	RECORD	WORD	PACKING /	SIGNED MODE	ARRAY NUMBER	NAME	NUMBER OF SUBSCRIPTS OR "E"	PACKING /	SIGNED MODE	NAME	NUMB R O SUBSCRIPTS	LIFO	FIFO	RANKED	ATTRIBUTE USED IN RANKING	HIGH OR LOW	NAME MODE
T	ØRDER 4		T	DATE	1			F	1	CUMCT	O		F	QUE	1		X				
			T	FRØUT	2			I	2	NØRDR	O		F	RØUT	1		X				
			T	LRØUT	3			I	3	GRAND	O		F								
			T	SQUE	4			I	4	LAST	O		F								
									5	MCT	O		F								
N	EPRØC 4		N	MGPRC	3			I													
			N	ØRDRP	4			I	6	MG	E										
T	DESTN 4		T	MGDST	1			I	7	NØAVL	1		I								
			T	PTIME	2			E	8	FQUE	1		I								
			T	SRØUT	3			I	9	LQUE	1		I								
									10	NINQ	1		F								
									11	CUMQ	1		F								
									12	TMQ	1		F								
									13	MEANQ	1		F								

liches ATTRIBUTE "SQUE" (Kennadresse des Nachfolgers im SET) erforderlich, welches als TAT des
TEN "ORDER" zu vereinbaren ist.

Die einzelnen Stationen eines Auftrages werden in einem SET namens "ROUT(ORDER)" hintereinander
angeordnet; hierzu ist als Mitglied des SET das TEN "DESTN" vorgesehen. Gemäß S.16-28 sind für das
TEN "ORDER" die zusätzlichen ATTRIBUTES "FROUT" und "LROUT" zu vereinbaren, welche die Kennadresse

des Mitgliedes mit der höchsten bzw. niedersten Priorität im SET "ROUT(ORDER)" enthalten; außerdem muß für das TEN "DESTN" ein zusätzliches ATTRIBUTE "SROUT" bereitgestellt werden (Kennadresse des Nachfolgers im SET "ROUT(ORDER)") .

Als weitere ATTRIBUTES sind gewählt:
- die Anzahl der freien Maschinen einer Maschinengruppe ..NOAVL(MG)
- der Eintreffzeitpunkt eines Auftrages in der Werkhalle ..DATE(ORDER)
- die Bearbeitungszeit an einer Station (Maschinengruppe) ..PTIME(DESTN)
- einige ATTRIBUTES für die Zeitberechnung zur Ermittlung der Ergebnisse

Die Zustandsänderungen werden durch zwei EVENTS beschrieben:
- EXOGENOUS EVENT ORDRIN für die Ankunft eines Auftrages an der Werkhalle
- ENDOGENOUS EVENT EPROC für die Vorgänge beim Abschluß der Bearbeitung an einer Maschinengruppe

Zusätzlich sind das EXOGENOUS EVENT ANALYZ für eine Auswertung der Zeitberechnung und das EXOGENOUS EVENT ENDSIM für die Beendigung der Simulation sowie 2 SUBROUTINES und ein REPORT-UP vorgesehen.

Im folgenden werden die einzelnen Programmteile ausführlich erläutert.

21.2.2. EVENT-Liste

STATEMENT NUMBER	Continuation	STATEMENT
1 2 5	6	7 72
		EVENTS
		3 EXOGENOUS
		ORDRIN (1)
		ANALYZ (2)
		ENDSIM (3)
		1 ENDOGENOUS
		EPROC
		END

Jedes EVENT stellt ein UP dar, in dem Zustandsänderungen beschrieben sind.

21.2.3. _EXOGENOUS_EVENT_ORDRIN_

STATEMENT NUMBER	Continuation	STATEMENT
1 2 5	6	7 72
3a		EXOGENOUS EVENT ORDRIN
b		SAVE EVENT CARD
c		CREATE ORDER
d		LET DATE(ORDER) = TIME
e		READ N
f		FORMAT (I4)
g		DO TO 10, FOR I = (1)(N)
h		CREATE DESTN
i		READ MGDST(DESTN), PTIME(DESTN)
j		FORMAT (I4, H3.2)
k		FILE DESTN IN ROUT(ORDER)
l 10		LOOP
m		CALL ARRVL(ORDER)
n		RETURN
3o		END

3a – zeigt ein EXOGENOUS EVENT-UP an.

3b – zeigt an, daß zusätzliche Daten von der EVENT-Karte eingelesen werden.

3c – reserviert im Speicher einen Bezirk für die ATTRIBUTES des TEN "ORDER"; die Anzahl der Worte
dieses Bezirks ist im DEFI-Formular bei dem TEN "ORDER" angegeben. Die Kennadresse des
Speicherbezirks wird in einer lokalen Variablen namens "ORDER" abgespeichert. Die Anweisung

ist gleichwertig zu der Formulierung CREATE ORDER CALLED ORDER .

3d - speichert in dem ATTRIBUTE "DATE" den gegenwärtigen Zeitpunkt der simulierten Zeit ab.
"DATE" gehört zum TEN "ORDER", dessen Kennadresse in der lokalen Variablen "ORDER" gemäß 3c
steht. "TIME" ist ein intern definiertes PAT, das jederzeit aufgerufen werden kann; vor dem
Aufruf eines EVENT-UP wird TIME automatisch gleich dem Zeitpunkt des EVENT gesetzt .

3e,f-die integer-Größe "N" wird von den ersten 4 Datenspalten (also ab Spalte 13, siehe S.11-3)
der EVENT-Karte eingelesen. "N" gibt an, wieviele Stationen der Auftrag durchlaufen soll;
die Reihenfolge, in der die Stationen durchlaufen werden,ist durch N Datenkarten festgelegt,
die auf die EVENT-Karte folgen.

3g - gibt an, daß die Anweisungen bis zur Marke "10" N-mal ausgeführt werden.

3h - reserviert im Speicher einen Bezirk für die ATTRIBUTES des TEN "DESTN" (Station in der
Werkhalle) und speichert die Kennadresse dieses Bezirks in der lokalen Variablen "DESTN" ab;
die Anweisung ist gleichwertig zu der Formulierung CREATE DESTN CALLED DESTN .

3i,j-liest zwei ATTRIBUTES des TEN "DESTN" ein und speichert sie ab;"MGDST(DESTN)" beinhaltet
die vorgesehene Station und "PTIME(DESTN)" die Bearbeitungszeit an dieser Station.

3k - ordnet die Kennadresse der Station DESTN in die Bearbeitungsfolgeliste ein, welche durch
das SET "ROUT(ORDER)" dargestellt wird.

3l - zeigt das Ende der DO-Schleife an .

3m - ruft das UP ARRVL auf, in dem die Ankunft eines Auftrags an einer Maschinengruppe beschrieben
wird. Das Argument "ORDER" gibt die Kennadresse des ankommenden Auftrags an das UP weiter.

3n - die PS sucht im inneren Kalender nach dem nächsten EVENT und führt dieses aus .

3o - letzte Anweisung des EVENT-UP

21.2.4. SUBROUTINE ARRVL

	STATEMENT NUMBER	CONTINUATION	STATEMENT	
1	2 5	6	7	72
4a			SUBROUTINE ARRVL(ORDER)	
b			STORE MGDST(FROUT(ORDER)) IN MG	
c			IF (NOAVL(MG))EQ(0), GO TO 10	
d			LET NOAVL(MG) = NOAVL(MG)-1	
e			CALL ALLOC(MG, ORDER)	
f			RETURN	
g	10		FILE ORDER IN QUE(MG)	
h			ACCUMULATE NINQ(MG) INTO CUMQ(MG) SINCE TMQ(MG),	
		X	POST NINQ(MG) + 1.0	
4i			RETURN	
j			END	

4a – zeigt das UP ARRVL mit dem Argument "ORDER" an . "ORDER" ist lokale Variable des UP und
enthält die Kennadresse des ankommenden Auftrags.

4b – speichert die Kennadresse der Station, die momentan in der Bearbeitungsfolgeliste des
Auftrages an oberster Stelle steht (höchste Priorität), ab in der lokalen Variablen "MG" .

4c – bewirkt einen Sprung zur Marke "10", wenn die in "MG" gekennzeichnete Maschinengruppe keine
freie Maschine enthält; andernfalls wird die Anweisung 4d als nächstes ausgeführt .

4d – die Anzahl "NOAVL" der freien Maschinen in der Maschinengruppe "MG" wird um 1 erniedrigt .

4e – ruft das UP ALLOC auf, in welchem beschrieben ist, wie dem Auftrag eine Maschine aus der
Maschinengruppe "MG" zugeordnet wird .

4f – die PS kehrt dorthin zurück, von wo aus die SUBROUTINE ARRVL aufgerufen wurde.

4g – da gemäß 4c in diesem Fall keine Maschine der Maschinengruppe "MG" frei ist, wird der

Auftrag in die Warteschlang der Maschinengruppe "MG" eingereiht.

4h – Rechenoperation zur Ermittlung der mittleren Anzahl von wartenden Aufträgen an der Maschinengruppe "MG" . Die Anzahl "NINQ" der bereits wartenden Aufträge wird mit der Zeitspanne multipliziert, die seit der letzten Veränderung (Zeitpunkt "TMQ(MG)") in der Warteschlange ver-
gangen ist. Das Produkt wird zur Gesammtsumme "CUMQ(MG)" hinzuaddiert; anschließend wird
"TMQ(MG)" gleich der momentanen Zeit gesetzt und die Anzahl der Wartenden um 1 erhöht.

4i – die PS kehrt dorthin zurück, von wo aus die SUBROUTINE ARRVL aufgerufen wurde.

4j – letzte Anweisung des UP

21.2.5. SUBROUTINE ALLOC

	STATEMENT NUMBER	Continuation	STATEMENT
	1 2 5	6	7 72
5a			SUBROUTINE ALLOC(MG, ORDER)
b			CREATE EPROC
c			STORE MG IN MGPRC(EPROC)
d			STORE ORDER IN ORDRP(EPROC)
e			CAUSE EPROC AT TIME + PTIME(FROUT(ORDER))
f			REMOVE FIRST DESTN FROM ROUT(ORDER)
g			DESTROY DESTN
h			RETURN
5i			END

5a – zeigt das UP ALLOC an, welches zwei Argumente aufweist; "MG" gibt an, bei welcher Maschinengruppe der Auftrag bearbeitet wird; die Kennadresse des Auftrags steht im Argument "ORDER" .

5b – reserviert im Speicher einen Bezirk für die ATTRIBUTES des ENO "EPROC"; das ENDOGENOUS

EVENT EPROC beschreibt die Vorgänge, die jeweils nach der Abfertigung eines Auftrags an
einer Maschinengruppe auftreten.

5c - im TAT "MGPRC" des ENO "EPROC" wird abgespeichert, bei welchem Auftrag die Bearbeitungszeit
abgelaufen sein wird.

5e - trägt die Kennadresse des ENO "EPROC" in den inneren Kalender ein und bewirkt so, daß das
ENDOGENOUS EVENT EPROC nach einer gewissen Zeitspanne aufgerufen wird (simulierte Zeit!);
die Zeitspanne ist im ATTRIBUTE "PTIME" abgespeichert.

5f - die oberste Station "DESTN" in der Bearbeitungfolgeliste wird aus dieser Liste "ROUT(ORDER)"
entfernt.

5g - der Speicherplatz des TEN "DESTN" wird gelöscht und steht für spätere CREATE-Anweisungen
wieder zur Verfügung .

5h - die PS kehrt dorthin zurück, von wo aus die SUBROUTINE ALLOC aufgerufen wurde.

5i - letzte Anweisung des UP

21.2.6. ENDOGENOUS EVENT EPROC

	STATEMENT NUMBER	Continuation	STATEMENT
1	2 5	6	7 72
6a			ENDOGENOUS EVENT EPROC
b			STORE ORDRP(EPROC) IN ORDER
c			STORE MGPRC(EPROC) IN MG
d			DESTROY EPROC
e	C		- DISPOSITION OF THE ORDER -
f			IF ROUT(ORDER) IS EMPTY, GO TO 10
g			CALL ARRVL(ORDER)
h			GO TO 20
i	10		LET CUMCT = CUMCT + TIME - DATE(ORDER)
j			LET NORDR = NORDR + 1.0
k			DESTROY ORDER
l	C		- DISPOSITION OF THE MACHINE -
m	20		IF QUE(MG) IS EMPTY, GO TO 30
n			REMOVE FIRST ORDER FROM QUE(MG)
o			CALL ALLOC(MG, ORDER)
p			ACCUMULATE NINQ(MG) INTO CUMQ(MG) SINCE TMQ(MG),
		X	POST NINQ(MG) - 1.0
q			RETURN
r	30		LET NOAVL(MG) = NOAVL(MG) + 1
6s			RETURN
t			END

6a - zeigt ein ENDOGENOUS EVENT-UP an
6b - speichert in der lokalen Variablen "ORDER" die Kennadresse desjenigen Auftrages ab, bei
welchem der Bearbeitungsvorgang an einer Maschine abgeschlossen ist .
6c - speichert in der lokalen Variablen "MG" diejenige Maschinengruppe ab, bei welcher der

Bearbeitungsvorgang abgeschlossen ist .

6d - der Speicherplatz des ENO "EPROC" wird gelöscht und steht für spätere CREATE-Anweisungen
     wieder zur Verfügung .

6e - Kommentar; hat keinen Einfluß auf die Programmdurchführung .

6f - Abfrage, ob die Bearbeitungsfolgeliste "ROUT(ORDER)" noch eine Station enthält .

6g - ruft das in S.21-13 besprochene UP ARRVL auf zur Vorbereitung der Bearbeitung an der
     nächsten Maschinengruppe auf der Bearbeitungsfolgeliste .

6h - Sprung zur Marke "20" .

6i - Addiert die Verweilzeit dieses Auftrags in der Werkhalle zur Gesamtzeit aller bereits
     beendeten Aufträge.

6j - die Anzahl "NORDR" der beendeten Aufträge wird um 1 erhöht.

6k - der Speicherplatz des TEN "ORDER" wird gelöscht und steht für spätere CREATE-Anweisungen
     wieder zur Verfügung.

61 - Kommentar; hat keinen Einfluß auf die Programmdurchführung .

6m - Abfrage, ob sich in der Warteschlange der Maschinengruppe "MG" ein wartender Auftrag befindet.

6n - der Auftrag mit der höchsten Priorität wird aus der Warteschlange entnommen und seine Kenn-
     adresse in der lokalen Variablen "ORDER" abgespeichert; der vorherige Inhalt dieser lokalen
     Variablen wird dabei überschrieben .

6o - ruft das auf S.21-14 beschriebene UP ALLOC auf für die Zuweisung des Auftrages an eine
     Maschine der Maschinengruppe "MG" .

6p - die Anzahl "NINQ" der bisher Wartenden wird mit der Zeitspanne multipliziert, die seit der
     letzten Veränderung (Zeitpunkt "TMQ(MG)") in der Warteschlang vergangen ist. Das Produkt
     wird zur Gesamtsumme "QUMQ(MG)" hinzuaddiert; anschließend wird "TMQ(MG)" gleich der
     momentanen Zeit gesetzt und die Anzahl der Wartenden um 1 erniedrigt.

6q - die PS sucht im inneren Kalender nach dem nächsten EVENT und führt dieses aus.

6r - die Anzahl "NOAVL" der freien Maschinen in der Maschinengruppe wird um 1 erhöht .

6s - die PS sucht im inneren Kalender nach dem nächsten EVENT und führt dieses aus.
6t - letzte Anweisung des UP .

21.2.7. EXOGENOUS EVENT ANALYZ

STATEMENT NUMBER		Continuation	STATEMENT
1	2 5	6	7 72
			EXOGENOUS EVENT ANALYZ
			LET MCT = CUMCT/NORDR
			DO TO 10, FOR EACH MG I
			ACCUMULATE NINQ(I) INTO CUMQ(I) SINCE TMQ(I)
			LET MEANQ(I) = CUMQ(I)/(TIME - LAST)
	10		LOOP
			COMPUTE GRAND = MEAN OF MEANQ(I), FOR EACH MG I
			CALL RESULT
			LET LAST = TIME
			LET CUMCT = 0.0
			LET NORDR = 0.0
			LET CUMQ(I) = 0.0, FOR EACH MG I
			RETURN
			END

Dieses EXOGENOUS EVENT-UP berechnet die mittlere Anzahl "MEANQ" der wartenden Aufträge für jede Maschinengruppe sowie den Mittelwert"GRAND" bezogen auf alle Maschinengruppen. Außerdem wird noch die mittlere Verweilzeit "MCT" eines Auftrages in der Werkhalle berechnet.
Die Ergebnisse werden in einem REPORT dargestellt und anschließend wird die Simulation fortgesetzt, wobei die Meßgrößen zuvor auf ihren Ausgangswert gesetzt werden.

21.2.8. REPORT RESULT

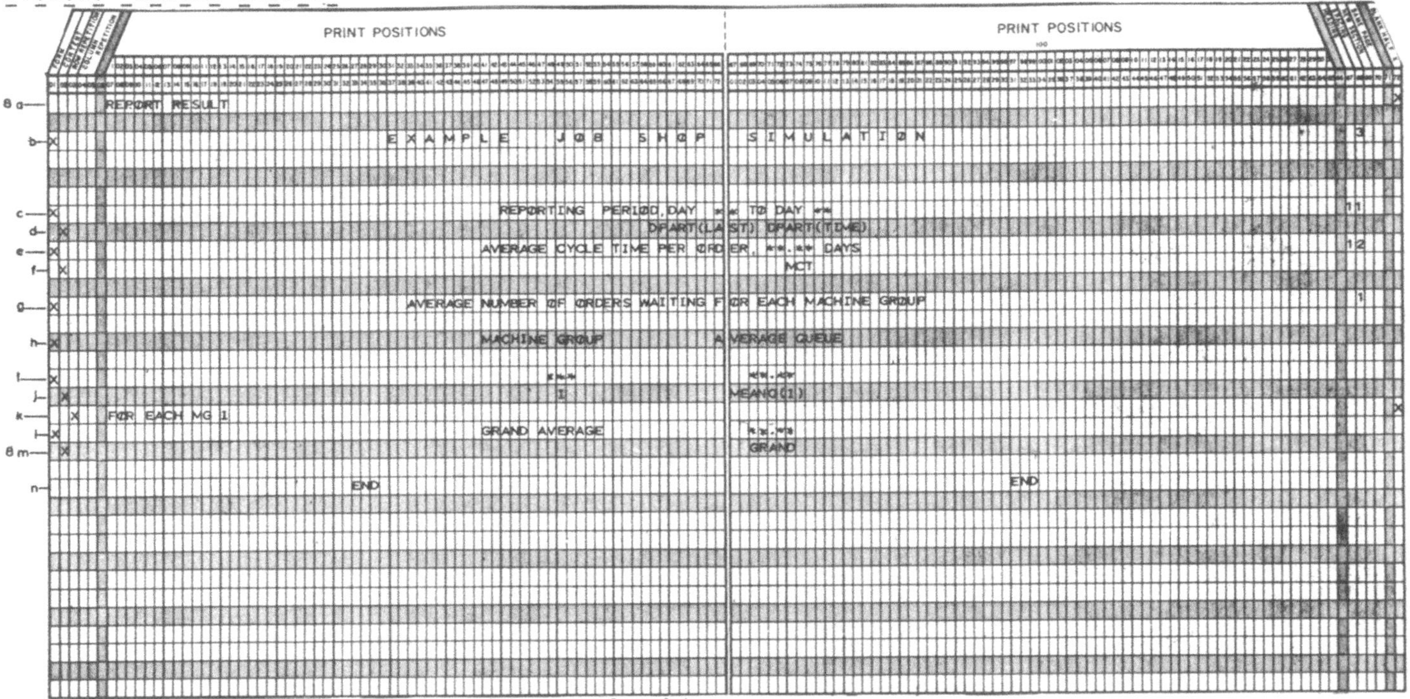

8a - Name des REPORT-UP, wird nicht ausgedruckt .

8b - FORM-Zeile: Überschrift; die Zahl "3" in Spalte 68 der rechten Karte bewirkt, daß 3 Leer-
     zeilen nach der Überschrift eingeschoben werden (in der Ergebnisliste) .

8c - FORM-Zeile: die Buchstaben werden in der eingetragenen Position ausgedruckt; die Sternchen

bezeichnen Felder für ganze Zahlen, und zwar für die interne Variable "DPART"(siehe S.15-2).
8d - CONTENT-Zeile: der Tag (simulierte Zeit) des letzten REPORT wird mit"DPART(LAST)" und der
     Tag des jetzigen REPORT mit "DPART(TIME)" bereitgestellt und in der Zeile 8c ausgedruckt.
8e - FORM-Zeile: Text und Sternchenfeld für eine Dezimalzahl. Der Dezimalpunkt wird in die
     vorgesehene Spalte gesetzt.
8f..j-weitere CONTENT-Zeilen und FORM-Zeilen
8k - ROW REPETITION-Zeile, die angibt, daß die vorangehende FORM-Zeile und CONTENT-Zeile für jede
     Maschinengruppe wiederholt werden soll ("FOR EACH MG I") .
8l,m-FORM-Zeile und CONTENT-Zeile für das Ausdrucken der mittleren Anzahl der Wartenden
     bezogen auf alle Maschinengruppen .
8n - Ende des REPORT .

21.2.9. _Anfangsbedingungen und Ende_der_Simulation

Für alle permanenten Variablen des DEFI-Formulars werden mit den INI-Karten Anfangswerte
eingelesen. Im gezeigten INI-Formular (S.21-21) ist angenommen, daß sich zu Beginn der Simulation
keine Aufträge in der Werkhalle befinden; eine andersgeartete Ausgangslage könnte leicht in
einem zusätzlichen EXOGENOUS EVENT geschaffen werden , das dann als erstes EVENT der Simulation

einzuplanen wäre .

Im INI-Formular ist ein Modell aus 4 Maschinengruppen mit jeweils 5 Maschinen eingetragen .

INITIALIZATION CARDS

ARRAY NUMBER FROM	TO	NUMBER OF SUBSCRIPTS	R READ-IN VALUES	Z SET TO ZERO	NUMBER OF ROWS	ARRAY NUMBER OF ATTRIBUTE EQUAL TO NO. OF ROWS	NUMBER OF COLUMNS	ARRAY NUMBER OF ATTRIBUTE EQUAL TO NO. OF COLUMNS	LIST PACKING	INITIAL VALUE OR FORMAT FIELD DESCRIPTION	COMMENT
1	5	O		Z							
6		O	R							4	
7		1	R		4	6				4 (I 3)	
5	5	5	5								
8	9	1		Z	4	6					
10	13	1		Z	4	6					

Die Anweisung STOP beendet die Programmdurchführung. Diese Anweisung kann z.B. für einen bestimmten Zeitpunkt vorgesehen werden dadurch, daß sie in einem EXOGENOUS EVENT auftritt:

STATEMENT NUMBER	Continuation	STATEMENT
		EXOGENOUS EVENT ENDSIM
		STOP
		END

21.3. Simulationsbeispiel aus dem CDC-Manual   (entnommen aus /46/)

Dieses Beispiel ist nur als Muster beigefügt und wird nicht weiter erläutert; zum besseren Verständnis sei jedoch eine Modellbeschreibung und eine alphabetische Liste der im Programm auftretenden Variablen vorangestellt.

Modellbeschreibung:

Ein Zwischenhändler lagert Konserven nach folgendem Schema:

1- Kundenanforderungen (DEMAN) werden erfüllt, solange der Vorrat reicht.

2- Reicht der Vorrat nicht aus, so notiert der Händler eine Vorbestellung (BKOR) und fordert eine Schiffsladung an (ORDER).

3- Sobald eine Schiffsladung ankommt, werden die Vorbestellungen eingelöst und die restlichen Konserven als Vorrat gelagert.

4- Für jeden Typ von Konserven hat der Händler eine Anforderungsschwelle (MNLV): sobald der Vorrat im Laden (DI) und im Lager (STOCK), abzüglich der Vorbestellung, diese Schwelle unterschreitet, wird die nächste Schiffsladung des jeweiligen Konserventyps bestellt.

5- Die Schiffsladungen für den jeweiligen Konserventyp werden ermittelt aus "maximal mögliche Lagermenge (MXSK) plus Vorbestellung minus vorhandene Vorratsbestände in Laden und Lager" .

In der Simulation sollen alle Kundenwünsche durch EXOG EVENTS dargestellt werden. Als Ergebnis erhalten wir die Zeitpunkte, den Typ und die Menge der Schiffsladungen. Das gemäß Eintragung im EXOG EVENT-Tape (vgl.S.11-2) allerletzte EXOG EVENT beendet die Simulation.

Mit INI-Karten werden die Anfangsbestände des Lagers eingegeben. Als Zeitmaßstab setzen wir Wochen, Tage,Stunden statt der im Normalfall geltenden Tage,Stunden,Minuten; zur Änderung der Zeitachse enthält daher die SYSTEM-SPECIFICATION-Karte in Spalte 17,18 "24" (Stunden je Tag) und in Spalte 24 "7" (Tage je Woche), vgl. S.21-27; auf diese Weise werden die Angaben auf dem EXOG-EVENT-Tape als Wochen,Tage,Stunden gelesen.

Alphabetische Liste der im Programm auftretenden Variablen:

VARIABLE	BEDEUTUNG
BKOR	"backorder" ; Vorbestellung, wenn der Vorrat ("stock") im L a g e r nicht ausreicht.
DEMAN	"demand" ; Stückzahl der vom Kunden benötigten Ware.
DEMAND	äußeres Ereignis, welches die Kundenanforderung beschreibt,
DI	"disposition" ; sofort zu Verfügung stehende Stückzahl einer Ware ("stock on hand") im L a d e n .
ENDSIM	äußeres Ereignis zur Beendigung der Simulation.
I	Kennziffer der vom Kunden angeforderten Warengruppe.
K	Kennziffer der beim Zwischenhändler ("jobber") durch RCT angelieferten Warengruppe.
LEAD	Zeitspanne von dem Augenblick der Bestellung durch den Zwischenhändler bis zur Anlieferung der Warengruppe beim Zwischenhändler.
MNLV	"minimum level" ; Mindestbestand einer Warengruppe im Laden und im Lager (zusammen)
MXSK	maximale Stückzahl, die von einer Warengruppe im Laden und im Lager aufgestapelt werden kann.
ORDER	Stückzahl der vom Zwischenhändler angeforderten Warengruppe.
RCT	"receivement" ; Ankunft einer Schiffsladung mit einer bestimmten Warengruppe.
STOCK	Vorrat im L a g e r (vgl. "DI" !)

Aufgabe: ___________ Datum: ___________ Name: ___________

PROGRAMMIER - FORMULAR

```
        EVENTS
            2   EXOGENOUS
                ENDSIM  ( 1 )
                DEMAND  ( 2 )
            1   ENDOGENOUS
                RCT
        END
        SIMULATION
        ENDOGENOUS  EVENT  RCT
            LET  DI( K( RCT ) )  =  DI( K( RCT ) )  -  ORDER( RCT )
            IF  (  ORDER( RCT )  )  GR  (  BKOR( K( RCT ) )  )  ) ,  GO  TO  2
            LET  BKOR( K( RCT ) )  =  BKOR( K( RCT ) )  -  ORDER( RCT )
  1         DESTROY  RCT
            RETURN
  2         LET  STOCK( K( RCT ) )  =  STOCK( K( RCT ) )  +  ORDER( RCT )
     X      -  BKOR( K( RCT ) )        *
            LET  BKOR( K( RCT ) )  =  O
            GO  TO  1
        END
        EXOGENOUS  EVENT  ENDSIM
            STOP
        END
```

Programmtext,
Beispiel 3

-Fortsetzung
siehe S.21-25

PROGRAMMIER - FORMUL

```
EXOGENOUS EVENT DEMAND
   SAVE
   READ I , DEMAN
   FORMAT ( I4 , D4.0)
   IF (DEMAN) GR (STOCK(I)) , GO TO 2
   LET STOCK(I) = STOCK(I) - DEMAN
1  IF STOCK(I) + DI(I) - BKOR(I) GR
X  (MNLV(I)) , RETURN
   CREATE RCT
   CAUSE RCT AT TIME + LEAD(I)
   LET ORDER(RCT) = MXSK(I) + BKOR(I) - DI(I)
X  - STOCK(I)
   LET DI(I) = ORDER(RCT) + DI(I)
   LET K(RCT) = I
   WRITE ON TAPE 6, TIME, I, ORDER(RCT)
   FORMAT (D6.6, I5, D8.0)
   RETURN
2  LET BKOR(I) = DEMAN - STOCK(I) + BKOR(I)
   LET STOCK(I) = 0
   GO TO 1
END
```

Programmtext,
Beispiel 3

SIMSCRIPT DEFINITION FORM

PROGRAM
ROUTINE

CONTROL DATA CORPORATION

NAME
DATE   **PAGE**   **OF**

TEMPORARY SYSTEM VARIABLES

TEMPORARY AND EVENT NOTICE ENTITIES

TEMPORARY OR NOTICE (T,N)	NAME	MASTER	RECORD SIZE — SATELLITE 1* 2* 3 4 5 6 7 8
N	RCT	4	

ATTRIBUTES

TEMPORARY OR NOTICE (T,N)	NAME	RECORD WORD	PACKING /	SIGNED	MODE (I,F)
N	K	3			I
N	ORDER	4			F

PERMANENT SYSTEM VARIABLES

ARRAY NUMBER	NAME	NUMBER OF SUBSCRIPTS OR "E"	PACKING /	SIGNED	MODE (I,F)	CONSTANT	UNSUBSCRIPTED OR SUBSCRIPTED (U,S,S,L)	STEP OR LINEAR
1 0	LENTH	O			I			
1 1	STOCK	1			F			
1 2	BKOR	1			F			
1 3	DI	1			F			
1 4	MNLV	1			F	X		
1 5	MXSK	1			F	X		
1 6	LEAD	1			F	X		

SETS

NAME	NUMBER OF SUBSCRIPTS	LIFO	FIFO	RANKED	ATTRIBUTE USED IN RANKING	HIGH OR LOW (IS BEST)

FUNCTIONS

NAME	MODE (I,F)	PREVIOUSLY COMPILED

#Not available to Event Notices

		LIFO	FIFO	RANKED	
PREDECESSOR IN SET	P SET NAME			✓	REQUIRED ATTRIBUTES FOR MEMBER ENTITIES
SUCCESSOR IN SET	S SET NAME	✓	✓	✓	
FIRST IN SET	F SET NAME	✓	✓	✓	REQUIRED ATTRIBUTES FOR OWNER ENTITIES
LAST IN SET	L SET NAME		✓	✓	

└─ PREFIX TO SET NAME

DEFI-Formular,
Beispiel 3

AA 1710 (FORMERLY CA 293)

SIMSCRIPT INITIALIZATION FORM

PROGRAM | CONTROL DATA | NAME
ROUTINE | | DATE | PAGE OF

SYSTEM SPECIFICATION CARD

01	02–06	Maximum array number (07–12)	Minutes per hour (13–18)	Hours per day (19–24)	25–30	Initial conditions tape (31–36)	Exogenous events tape (37–42)	Report tape (43–48)	Lines per page (49–54)	Comment (55–72)	Identification (73–80)
1		16	24	7							
			60	24		60	60	61	55	← These values are automatically inserted if the field is left blank	

INITIALIZATION CARDS

Array number: From	Array number: To	Number of subscripts	R Read-in values	Z Set to zero	Rows: Number of rows	Rows: Array number of attribute equal to no. of rows	Columns: Number of columns	Columns: Array number of attribute equal to no. of columns	List packing /	Table read-in (R C B F 28 R)	Random look-up tables (U S S L I C)	Initial value or format field description	Comment	Identification
1	9	0		Z										
10		0	R									5		
11		1	R		5	10						5(D9.0)		
	500.				760.			840.		20.	310.			
12	13	1		Z	5	10								
14		1	R		5	10						5(D9.0)		
	100.				50.			120.		15.	350.			
15		1	R		5	10						5(D9.0)		
	700.				760.			900.		35.	780.			
16		1	R		5	10						5(M7.2)		
	1.00				0.06			1.02		1.05	3.00			

AA1709

INI-Formular

Beispiel 3

≡ Datenkarte

Aufgabe: ______________________ Datum: __________ Name: __________

PROGRAMMIER - FORMUL

1	2	3	4	5	6	7	8	9	10	11	12	13	14	15	16	17	18	19	20	21	22	23	24	25	26	27	28	29	30	31	32	33	34	35	36	37	38	39	40	41	42	43	44	45	46	47	48	49	50	51	52	53	54
		2				O			1						1		4	0	0	•																																	
		2				O			2						2		4	0	0	•																																	
		2				O			3						3		4	0	0	•																																	
		2				O			4						4		4	0	0	•																																	
		2				O			5						5		4	0	0	•																																	
		2				1			1						2		4	0	●	•																																	
		2				1			2						3		4	0	0	•																																	
		2				1			3						4		4	0	0	•																																	
		2				1			4						5		4	0	0	•																																	
		2				1			5						5		4	0	0	•																																	
		2				1			6						1		4	0	0	•																																	
		2				2			1						2		4	0	0	•																																	
		2				2			2						3		4	0	0	•																																	
		2				2			3						3		4	0	0	•																																	
		2				2			4						4		4	0	0	•																																	
		1			1	O																																															

EVENT-Karten,

Beispiel 3

Kartenfolge, Beispiel 3

```
Steuerkarten ————— EOR-Karte } vgl.S.19-1
+                             10LENTH U    I
+N RCT  4        N K     J    I 11STOCK 1  F
+                N ORDER 4    F 12BKOR  1  F
+                              13DI    1  F
+                              14MNLV  1  FA
+                              15MXSK  1  FA
+                              16LEAD  1  FA
      EVENTS
        2  EXOGENOUS
           ENDSIM (1)
           DEMAND (2)
        1  ENDOGENOUS
           RCT
      END
      SIMULATION
      ENDOGENOUS EVENT RCT
         LET DI(K(RCT)) = DI(K(RCT)) - ORDER(RCT)
         IF ( ORDER(RCT) ) GR ( AKOR(K(RCT)) ) , GO TO 2
         LET BKOR(K(RCT)) = BKOR(K(RCT)) - ORDER(RCT)
    1    DESTROY RCT
         RETURN
    2    LET STOCK(K(RCT)) = STOCK(K(RCT)) + ORDER(RCT)
    X    - BKOR(K(RCT))
         LET BKOR(K(RCT)) = 0
         GO TO 1
      END
      EXOGENOUS EVENT ENDSIM
         STOP
      END
      EXOGENOUS EVENT DEMAND
         SAVE
         READ I , DEMAN
         FORMAT ( I4 , D4.0)
         IF (DEMAN) GR (STOCK(I)) , GO TO 2
         LET STOCK(I) = STOCK(I) - DEMAN
    1    IF STOCK(I) + DI(I) - BKOR(I)  GR
    X    (MNLV(I)) , RETURN
         CREATE RCT
         CAUSE RCT AT TIME + LEAD(I)
         LET ORDER(RCT) = MXSK(I) + BKOR(I) - DI(I)
    X    - STOCK(I)
         LET DI(I) = ORDER(RCT) + DI(I)
         LET K(RCT) = I

         WRITE ON TAPE 6, TIME, I, ORDER(RCT)
         FORMAT (D6.6, I5, D8.0)
         RETURN
    2    LET BKOR(I) = DEMAN - STOCK(I) + BKOR(I)
         LET STOCK(I) = 0
         GO TO 1
      END
         FINIS
———————————— EOR-Karte (vgl.S.19-1)
EQUIP,6=61 ◄————————————— Bewirkt, daß Tape 6
1X        16     24     7     zur Datenausgabe dient
    1    9 0 Z
   10      0 R                          5
   11      1 R     5  10                5(D9.0)
        500.      760.    840.    20.   310.
   12 13  1 Z      5  10
   14      1 R     5  10                5(D9.0)
        100.       50.    120.    15.   350.
   15.     1 R     5  10                5(D9.0)
        700.      760.    900.    35.   780.
   16      1 R     5  10                5(M7.2)
        1.00      0.06    1.02    1.05  3.00
——————————— Leerkarte
    2    0 1    1 400.  ⎫
    2    0 2    2 400.  ⎪
    2    0 3    3 400.  ⎪
    2    0 4    4 400.  ⎪
    2    0 5    5 400.  ⎪
    2    1 1    2 400.  ⎬ EVENT-Karten
    2    1 2    3 400.  ⎪
    2    1 3    4 400.  ⎪
    2    1 4    5 400.  ⎪
    2    1 5    5 400.  ⎪
    2    1 6    1 400.  ⎪
    2    2 1    2 400.  ⎪
    2    2 2    3 400.  ⎪
    2    2 3    3 400.  ⎪
    2    2 4    4 400.  ⎭
    1   10 ——————— EOF-Karte (vgl.S.19-1)

        0.142857   1    600.  ⎫
        0.571429   4    415.  ⎪
        0.714286   5    870.  ⎪
        1.142857   2    800.  ⎪
        1.285714   3    860.  ⎬ Ergebnisliste,Beispiel 3
        1.428571   4    400.  ⎪
        1.714286   5    800.  ⎪
        2.428571   3    800.  ⎪
        2.571429   4    400.  ⎭
```

22. Vorschlag für die Symbole eines Flußdiagramms (gemäß /34/ ;zusätzliche Symbole wurden in Zu-

sammenarbeit mit Frau ELLNER - Rechenzentrum der UNI Stuttgart - entwickelt)

BEMERKUNG: EinFlußdiagramm sollte nicht zuviele Einzelheiten enthalten; es erfüllt zweierlei Aufgaben:

- als Hilfe für den Programmierer, der den Ablauf des Programms übersichtlich darstellt.
- als Hilfe für Außenstehende, die einen Einblick in die logischen Zusammenhänge des Programms gewinnen wollen.

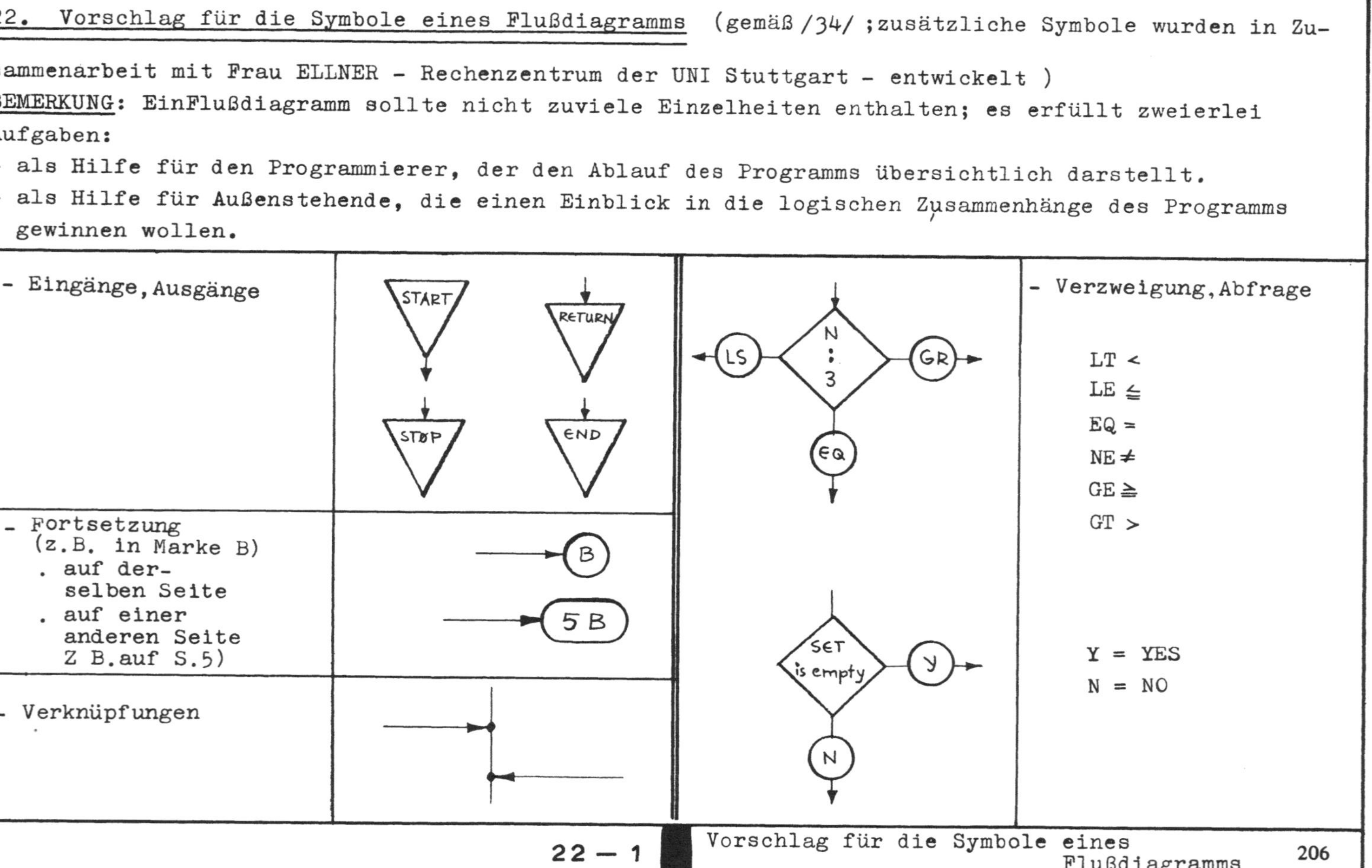

Vorschlag für die Symbole eines Flußdiagramms

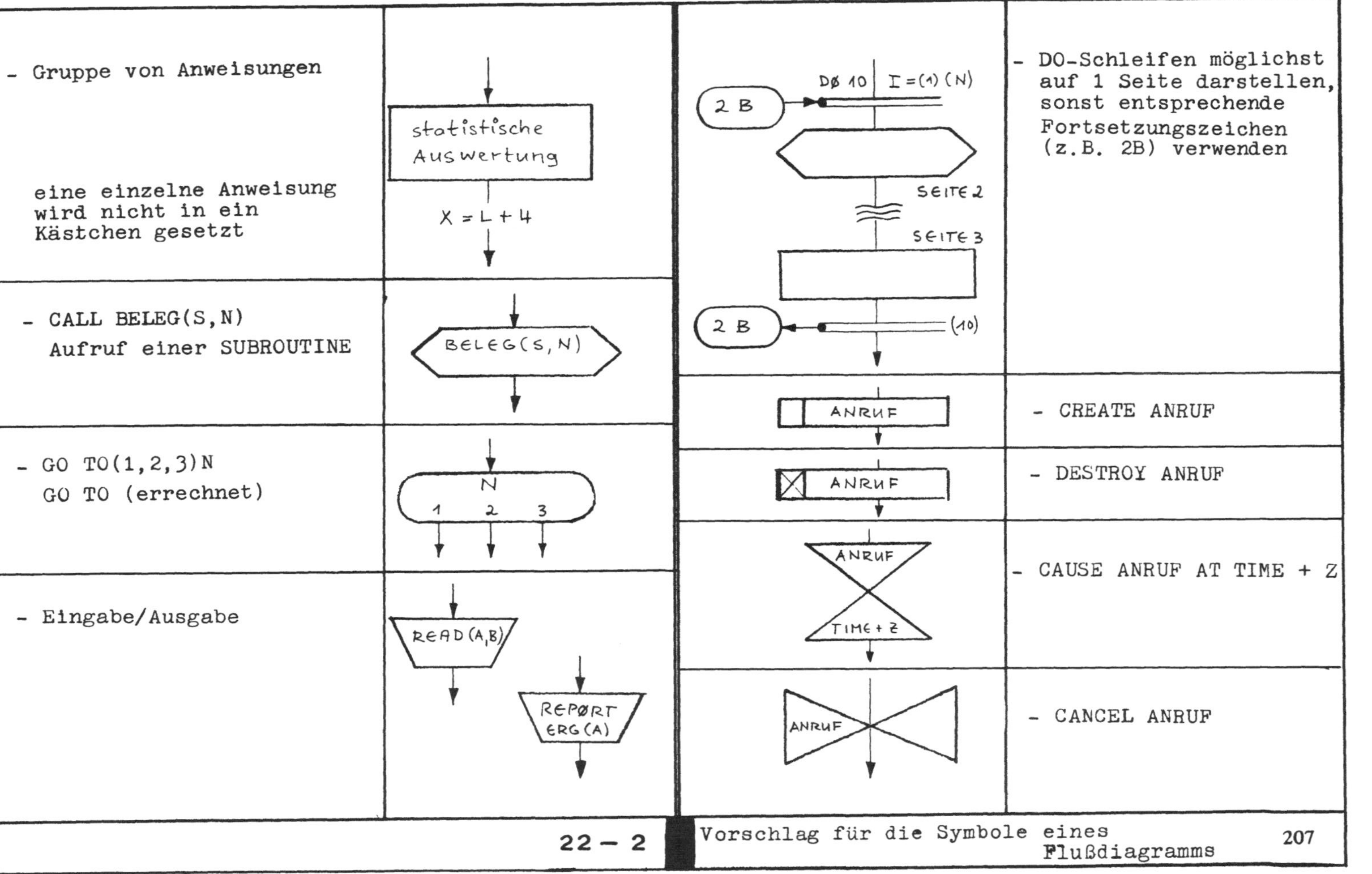

- Gruppe von Anweisungen

eine einzelne Anweisung
wird nicht in ein
Kästchen gesetzt

statistische
Auswertung

X = L + 4

- CALL BELEG(S,N)
Aufruf einer SUBROUTINE

BELEG(S,N)

- GO TO(1,2,3)N
GO TO (errechnet)

N
1   2   3

- Eingabe/Ausgabe

READ(A,B)

REPØRT
ERG(A)

- DO-Schleifen möglichst
auf 1 Seite darstellen,
sonst entsprechende
Fortsetzungszeichen
(z.B. 2B) verwenden

2 B   DØ 10   I =(1)(N)

SEITE 2

SEITE 3

2 B   (10)

- CREATE ANRUF

ANRUF

- DESTROY ANRUF

ANRUF

- CAUSE ANRUF AT TIME + Z

ANRUF
TIME + Z

- CANCEL ANRUF

ANRUF

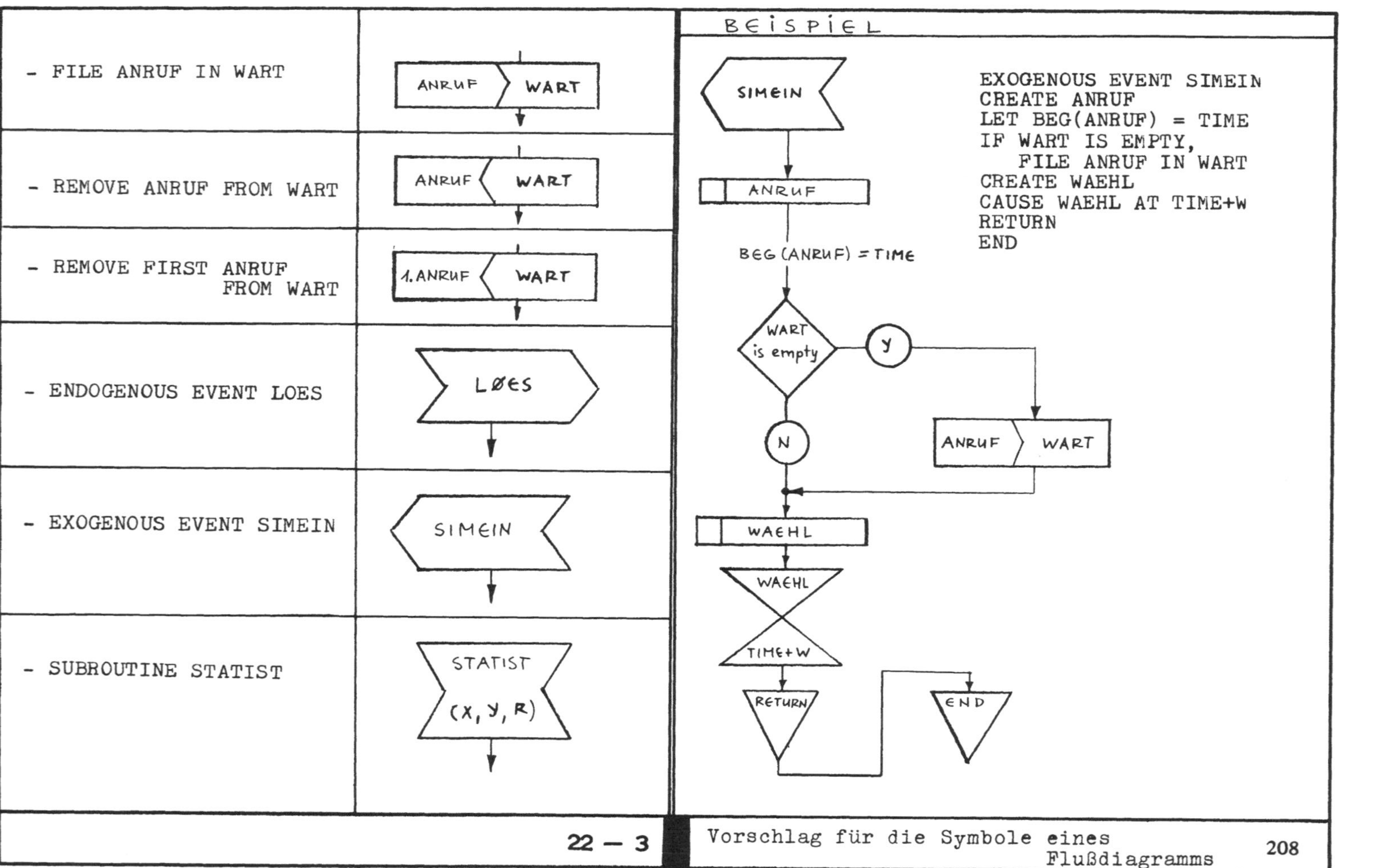

Vorschlag für die Symbole eines Flußdiagramms

24. Zusammenfassung

Die Nachbildung umfangreicher Systeme auf einem digitalen Rechner ist ohne zu großen Programmier-
aufwand nur möglich, wenn hierfür eine Programmiersprache existiert, die durch einen einzigen Befehl
eine ganze Serie von Operationen im Rechner auslöst. SIMSCRIPT enthält neben solchen "Makrobefehlen"
außerdem noch Elemente der Programmiersprache FORTRAN und ist sowohl für Simulationsprobleme als
auch für Programme ohne Simulation verwendbar.

Eine wichtige Rolle bei einer Simulation spielt der Z u s t a n d, in dem sich das Modell
befindet (statisch) , sowie die Z u s t a n d s ä n d e r u n g e n (dynamisch) , die auf Grund
von Ereignissen (EVENTS) in gewissen Zeitpunkten der simulierten Zeit herbeigeführt werden.
Das folgende Schema zeigt den grundsätzlichen Aufbau eines Modells in SIMSCRIPT :

Zustand
- ENTITY — selbständige Einheit im Modell
- TEMPORARY — nur vorübergehend von Bedeutung für die Simulation
- PERMANENT — ist während der ganzen Dauer der Simulation wesentlich
- ATTRIBUTES — Eigenschaften des ENTITY
- SETS — Gruppen von ENTITIES, die unter einem gemeinsamen Gesichtspunkt geordnet sind

Ereignisse
- EXOGENOUS EVENTS — äußere Ereignisse
- ENDOGENOUS EVENTS — innere Ereignisse

In jedem Augenblick der Simulation wird der Zustand des Modells beschrieben durch die Anzahl
und die Eigenschaften der ENTITIES sowie durch deren Gruppierung. Die EVENTS sind Unterprogramme,

in denen eine Zustandsänderung beschrieben ist bzw. in denen ein zukünftiges Ereignis vorgeplant wird. Ein EVENT darf mehrmals und zu beliebigen Zeitpunkten im simulierten Zeitplan auftreten; die EXOGENOUS EVENTS werden vom Programmierer v o r der Simulation zeitlich eingeplant, während der Zeitpunkt für ENDOGENOUS EVENTS erst w ä h r e n d der Simulation im Ablauf des Programms festgelegt wird.

Für die Zustandsänderungen stehen zahlreiche Anweisungen zur Verfügung, die z.B. das Einordnen eines ENTITY in ein SET oder das Herausholen eines ENTITY aus einem SET sowie die Bildung zusätzlicher ENTITIES im Verlauf der Simulation etc. ermöglichen .

Das DEFI-Formular (DEFINITION FORM) dient zur Eintragung der Namen von ENTITIES, ATTRIBUTES und SETS, die das Modell beschreiben, sowie zur Festlegung, wieviele Speicherworte die ATTRIBUTES eines ENTITY beanspruchen, ob ein ATTRIBUTE als ganze Zahl oder als Dezimalzahl abgespeichert wird und wie die Rangordnung der ENTITIES in einem SET aussieht .

Das INI-Formular (INITIALIZATION FORM) erleichtert das Ablochen der Anfangswerte für die permanenten Größen.

Das REPORT-Formular (REPORT GENERATOR LAYOUT FORM) schließlich gestattet es, in bequemer Weise ein Muster für die Ergebnistabelle zu entwerfen.

Drei Beispiele zeigen die Anwendung von SIMSCRIPT in einem simulationsfreien Programm und bei Problemstellungen mit Simulation .

E ANHANG

24. Bibliotheksfunktionen in FORTRAN und FORTRAN EXTENDED   ((D-1))

FORTRAN :

ACOS	EXP
ALOG	LENGTH
ALOG10	RANF
ASIN	SIN
ATAN	SQRT
ATAN2	TAN
COS	TANH

FORTRAN EXTENDED :

ABS$	AMOD$	EOF$	LEGVAR$	RANF$
ACOS$	AND$	EXP$	LENGTH$	SHIFT$
AINT$	ASIN$	FLOAT$	LOCF$	SIGN$
ALOG$	ATAN$	IABS$	MAXO$	SIN$
ALOG10$	ATAN2$	IDIM$	MAX1$	SQRT$
AMAXO$	COMPL$	IFIX$	MINO$	TAN$
AMAX1$	COS$	INT$	MIN1$	TANH$
AMINO$	DATE$	IOCHEC$	MOD$	TIME$
AMIN1$	DIM$	ISIGN$	OR$	UNIT$

Ausführliche Beschreibung siehe FORTRAN Reference Manual (Pub. No. 60174900) und
FORTRAN EXTENDED Reference Manual (Pub. No. 60176600) der Control Data Corporation.

25. Fachwortliste, Englisch-Deutsch

ACCUMULATE * Integrieren über der Zeit
Address pointer * Kennadresse
Array number * Feldnummer (Speicheradresse)

Blank * Leerspalte

CANCEL * Streichen aus dem inneren Kalender
CAUSE * Eintragen in den inneren Kalender
Check out * Ausprüfen
COMPASS * Maschinensprache der CDC 6600
COMPUTE * Berechnen
Control phrase * Auswahlfunktion
CREATE * Reservieren von Speicherplatz

Deck * Kartenstapel
DESTROY * Löschen von Speicherplatz

END OF FILE * Markierung im Speicher am Ende
                einer Datei
ENDOGENOUS EVENT * Inneres Ereignis
EVENT * Ereignis
EXOGENOUS EVENT * äußeres Ereignis
Expression * arithmetischer Ausdruck

Field description * Feldbeschreibung
FIFO-SET * höchste Priorität im SET hat dasjenige
                Mitglied, welches sich am längsten
                im SET befindet
FILE * Einordnen einer Kennadresse in ein SET
File * Datei (Speicherbezirk)
Fixed-point variable * Variable als ganze Zahl
Floating-point variable * Variable als Dezimalzahl
Form * Formular
Full word * Ganzwort

Heading * Überschrift

Identification number * Kennadresse
Initial conditions * Anfangsbedingungen
INITIALIZATION-Cards * Karten zum Ablochen der
                       Anfangsbedingungen
Insert * Einfügung
Integer * ganze Zahl

Lay out form * Entwurfsformular für Ergebnista-
               bellen
LET * Umspeichern
LIFO-SET * höchste Priorität im SET hat dasje-
           nige Mitglied, welches sich am
           kürzesten im SET befindet

Master record * Speicherbereich für
                TEMPORARY ATTRIBUTES
MEMBER * Mitglied in einem SET
Mode * MODUS (ganze Zahl oder Dezimalzahl)

OWNER * ENTITY, dessen ATTRIBUTE auf das Mitglied
        mit der höchsten bzw. niedersten Priorität
        im SET verweist
Packing * Abspeichern in einem Halbwort,
          Drittelwort oder Viertelwort
PERMANENT ATTRIBUTE * ATTRIBUTE eines PERMANENT
                      ENTITY
PERMANENT ENTITY * Einheit mit konstantem
                   Speicherplatz
Predecessor * Vorgänger im SET
Probability distribution * Wahrscheinlichkeits-
                           verteilung

Ragged table * Spartabelle
Random look-up table * Wahrscheinlichkeitstafel
RANKED-SET * jedes Mitglied im SET erhält seine
             Priorität auf Grund eines
             bestimmten Attributewertes

Real * Dezimalzahl
Record * Datensatz
REMOVE * Entfernen aus einem SET
Routine * Unterprogramm

Satellite record * Speicherbereich für
            TEMPORARY ATTRIBUTES
SCOPE * Betriebssystem der Anlage CDC 6600
SET * Gruppe von ENTITIES
Signed * vorzeichenbehaftet
Skip * Auslassung
Source language program * Quellenprogramm
Spacing * Abstand
Stepfunction * Treppenfunktion
Storage * Speicher
STORE*Abspeichern
Subscript * Index
Successor * Nachfolger im SET

Tape * magnetischer Speicherabschnitt
TEMPORARY ATTRIBUTE * ATTRIBUTE eines
            TEMPORARY ENTITY
TEMPORARY ENTITY * Einheit mit beweglichem
            Speicherplatz
TEMPORARY EVENT NOTICE * Vermerk für ein
            ENDOGENOUS EVENT

HINWEIS : W e i t e r e Fachausdrücke finden
          sich in /28/(Kapitel XVI)
          und in /35/.

26. Verzeichnis der unzulässigen Namen   ((3-1,4-6))

Die hier genannten Namen sind"reserviert" für den SIMSCRIPT-Compiler zur Kennzeichnung interner Unterprogramme   und dürfen daher nicht für Variable verwendet werden .

UNZULÄSSIGER NAME	ERLÄUTERUNG	
I-neno N-neno S-neno X-neno	neno	Name eines ENO
C-nat G-nat P-nat	nat	Name eines PAT oder TAT
C-nen D-nen	nen	Name eines PEN oder TEN
G-nfkt	nfkt	Name eines FUNCTION-UP
AO,A1,..,A7 BO,B1,..,B7 XO,X1,..,X7	unzulässig als Name einer Variablen oder einer Marke	

27. Fehlermeldungen in SIMSCRIPT   ((C-1))

Zur Programmdurchführung

..SIMULATED TIME DECREASED FROM______ TO ______.
..NEXT EVENT______, TYPE______.
..ALL EVENTS PROCESSED. JOB TERMINATED.
..MAXIMUM OUTPUT-LINE LENGTH EXCEEDED.
..NON-NUMERIC CHARACTER IN COLUMN ______ OF CARD BELOW.
..NON-OCTAL CHARACTER IN COLUMN ____ OF CARD BELOW.
..STORAGE CAPACITY EXCEEDED AT TIME ______.
..EXCESSIVE ARGUMENTS IN CALL FROM ADDRESS ______.
..AT INSTRUCTION ADDRESS ______, ATTEMPT TO STORE ______
   (OCTAL) EXCEEDS PACKING CAPABILITY.
..ATTEMPT TO REMOVE THE FIRST MEMBER FROM AN EMPTY
   SET AT INSTRUCTION ADDRESS ______.
..EXOGENOUS EVENT TYPE ______ DOES NOT CORRESPOND TO
   THE EVENTS LIST.
..ATTEMPT TO REMOVE A NON-EXISTENT ELEMENT FROM A
   SET AT INSTRUCTION ADDRESS ______.

Zum DEFI-Formular

////////////////// CARD BELOW CONTAINS (one of the following):

AN ILLEGAL MODE.
AN ILLEGAL NAME.
ILLEGAL PACKING.
INCOMPLETE INFORMATION.
AN ILLEGAL RECORD.
AN ILLEGAL NUMBER OF ARGUMENTS.
AN INCONSISTENCY.
//////////////////PROGRAM DISCONTINUED, HIGH ERROR
   FREQUENCY.

Zum Übersetzen (Compiler)

/////////////////// (one of the following):

EVENT NAME HAS TOO MANY CHARACTERS.
NUMBER OF EVENTS DOES NOT AGREE WITH NUMBER ON LIST.
NEITHER ≠EN---≠ NOR ≠EX---≠ WAS RECOGNIZED.
THE NUMBER OF EVENTS IS TOO LARGE.
MISSING IDENTIFICATION ON EXOGENOUS EVENT.
ABOVE EVENTS LIST CARD IN ERROR.
ILLEGAL FORMAT.
NUMBER OF FIELDS AND VARIABLE LIST DO NOT CORRESPOND.
ILLEGAL SET NAME.
VARIABLE HAS AN ILLEGAL NAME.
A VARIABLE IS INCORRECTLY SUBSCRIPTED.
MIXED MODE EXPRESSION.
MODE OF ≠DO TO≠ VARIABLE NOT CONSISTENT WITH LIMITS.
PARAMETERS ARE NOT IN ONE TO ONE CORRESPONDENCE.
NON-LOCAL VARIABLE IN ≠DIMENSION≠ STATEMENT.
DIMENSION IS NOT A FIXED POINT NUMBER.
SYNTAX ERROR IN ABOVE STATEMENT.
ILLEGAL CHARACTER IN ABOVE LINE.
MEMORY CAPACITY EXCEEDED DURING COMPILATION.
CONTENT LINE SPECIFIES COLUMN REPETITION.
NO CORRESPONDING ≠DO TO≠ FOR A ≠LOOP≠ STATEMENT.
≠DO TO≠ LOOP NOT CLOSED.
≠SUBROUTINE≠ CARD MISSING.
MISSING ≠END≠ CARD SUPPLIED BY COMPILER.
THE FOLLOWING PROGRAM SEGMENT CANNOT BE REACHED.
FUNCTION NOT LISTED ON DEFINITION FORM
WARNING - ALL COMPILED REFERENCES ARE INCORRECT.
FUNCTION MAY NOT HAVE MORE THAN SIX ARGUMENTS.
LOAD, RECORD, RESTORE NOT IMPLEMENTED.
SUBSCRIPTED VARIABLE USAGE MUST PRECEDE DEFINITION.

Zum INI-Formular

...EXECUTION TERMINATED DUE TO ERROR IN FOLLOWING
INITIALIZATION CARD. (one of the following):

..STORAGE CAPACITY EXCEEDED DURING INIT.
..NOT SYSTEM SPECIFICATION CARD.
..PACKING SPECIFICATION INCORRECT.
..BOTH SET-TO-ZERO AND READ-IN.
..NEITHER SET-TO-ZERO NOR READ-IN.
..FROM ARRAY NUMBER GREATER THAN TO.
..NUMBER OF SUBSCRIPTS GREATER THAN 2.
..SAME ARRAY NUMBER APPEARS TWICE.
..NUMBER OF SUBSCRIPTS OR PACKING CODE.
..EQUIP CARD FORMAT INCORRECT.
..INITIAL VALUE SPEC. INCORRECT.
..FORMAT FIELD SPECIFICATION INCORRECT.
..ATTRIBUTE NOT EQUAL TO NUMBER OF ROWS.
..NUMBER OF ROWS IS ZERO.
..ARRAY NUMBER SEQUENCE INCORRECT.
..ATTRIBUTE NOT EQUAL NUMBER OF COLUMNS.
..NUMBER OF COLUMNS IS ZERO.
..NUMBER ROWS IN PACKED ARRAY UNEQUAL.
..FULL CARD RAGGED TABLES ILLEGAL.
..RAGGED TABLE CANNOT BE READ COLUMNS.

..FULL CARD AND NEW CARD SPECIFIED.
..NEITHER FULL NOR NEW CARD SPECIFIED.
..BOTH ACROSS ROWS AND DOWN COLUMNS.
..NEITHER ROW-WISE NOR COLUMN-WISE.
..ONLY ONE ARRAY MAY BE READ-IN.
..RAGGED ROW CARD COLUMN 71,72 EQUALS 0.
..RANDOM TABLES CANNOT BE ZEROED.
..BOTH SUBSCRIPTED AND UNSUBSCRIPTED.
..NEITHER SUBSCRIPTED NOR UNSUBSCRIPTED.
..BOTH INDIV AND CUMUL PROBABILITY.
..NEITHER INDIV NOR CUMUL PROBABILITY.
..BOTH STEP AND LINEAR SPECIFIED.
..RANDOM ROW CARD COLUMN 71,72 EQUALS 0.
..CUMULATIVE PROBABILITY HAD DECREASED.
..PROBABILITY GREATER THAN 1.
..NEITHER STEP NOR LINEAR SPECIFIED.
..INDIVIDUAL PROBABILITIES ILLEGAL.
..INITIAL PROBABILITY NON-ZERO.
..INTEGER EXCEEDS PACKING SIZE.
..ALPHA FORMAT CANNOT BE PACKED.
..ILLEGAL FLOATING POINT PACKING.
..PACKING SIZE EXCEEDED.
..PACKING CODES OVERLAP.
..EXCESSIVE NUMBER OF ARRAYS.
..MAX ARRAY NO UNEQUAL TO MAX INPUT NO.

28. Literatur

HINWEIS : Zum Thema "Simulationssprachen" ist auf S.28-3 und zum Thema "Statistik"
auf S.28-6 ein gesondertes Literaturverzeichnis aufgestellt.

1 BAUMANN,R.: ALGOL-Manual der ALCOR-Gruppe; Oldenbourg,München Wien,3.Aufl.1968

2 BERNARD,R.; GRANDJEAN,CH.: Simulation von Wartesystemen der Fernsprechtechnik - Anwendung der Programmiersprache GPSS ; El. Nachrichtenwesen 44,No.4,S.362-372 1969

3 BLUNDEN,G.P.: On Implicit Interaction in Process Models ; IFIP Working Conference on Simulation Languages,Oslo, 1967

4 BORKO,H. (Ed.): Computer Applications in the Behavioral Science ; Prentice Hall,Inc.,Englewood Cliffs, N.J.,1962

5 BRANDT,G.J.: Simulation of Data Transmitting Systems ; Seminar o experimentalnim modelováni a řešeni pravdepodobnostnich problému,Ústav Teorie informace a automatizace,ČSAV Prag, 25.-29.5.1970

6 BRENNAN,R.D.: Continuous System Modeling Programs: State-of-the-Art and Prospectus for Development ; IFIP Working Conference on Simulation Languages, Oslo, 1967

7 BRETSCHNEIDER,G.; WENDT,A.: Datenverarbeitungsanlagen als Hilfsmittel für die Fernsprech- und Fernschreib-Verkehrsplanung; NTZ 14, S.487-492, 1961

8 COPLIN,W.D. (Ed.): Simulation in the Study of Politics; Markham Publishing Co.,Chicago Ill., 1968

9 DIETRICH,G.; WAGNER,H.: Simulation von Fernsprechverkehr mit Elektronischen Rechenautomaten; El.Nachrichtenwesen 38,S.538-548, 1963

10 FENNEL,H.J.: Simulation und die Simulationssprachen SIMSCRIPT und GPSS II ; Elektron. Datenverarbeitung 7,H.3, S.130-140, 1965

11 FISHMAN,G.S.: Digital Simulation:Input-Output Analysis; Tech.Memo. The Rand Corporation, RM-5540-PR, Feb. 1968

12 GINSBERG,A.S.; MARKOWITZ,H.M. OLDFATHER,P.M. Programming by Questionaire; The Rand Corporation, RM-4460-PR,April 1965

13 GORDON,G.: System Simulation ; Prentice Hall Inc. Englewood Cliffs, N.J. 1969

14 GREENBERGER,M.; JONES,M.: On-Line,Incremental Simulation ; IFIP Working Conference on Simulation Languages,Oslo 1967

15 GUETZKOW,H.; ALGER,C.F.; BRODY,R.A.; NOEL,R.C.; SNYDER,R.C.: Simulation in International Relations:Developments for Research and Teaching; Prentice Hall Inc. Englewood Cliffs,N.J. 1963

16 HOLLINGDALE,S.H. (Ed.) : Digital Simulation in OR ; American Elsevier Publishing Co. New York,1967

17 HUBER,M.; WAGNER,W.: Simulation von Nachrichtenvermittlungssystemen; Nichtnumerische Informationsverarbeitung (Hsg.:R.GUNZENHÄUSER), Springer,Wien, New York,S.147-171, 1968

18 IBM Bibliography on Simulation IBM Corp., Form No.320-0924 (900 Lit.stellen!) 1966

19 IRMSCHER,K.: Simulation als Ausweg ; Int. Elektron. Rundschau , H.1, S.4-6, 1970

20 KIVIAT,P.J.: Digital Computer Simulation: Modelling Concepts; The Rand Corporation, RM-5378-PR,Aug 1967

21 KOLLER,H.: Simulation als Methode der Betriebswirtschaft; Zeitschr. für Betriebswirtschaft,H.2 1966

22 KOSTEN,L.: On the Measurement of Congestion Quantities by Means of Fictitious Traffic; HET PTT-Bedrijf 2,S.15-25, 1948/49

23 LACKNER,M.R.: Toward a General Simulation Capability; Proc. of the Spring Joint Computer Conf., San Francisco,Mai 1-3,1962

24 LASKI,J.G.: Time Structure in Simulations; ORQ,Vol.16,No.3,Sept.1965 ORQ,Vol.17,No.1,März 1966

25 MARTIN,J.: Design of Real-Time Computer Systems; Prentice Hall Inc. Englewood Cliffs,N.J. S.346ff , 1967

26 MATT,G.: Simulationsprogramme:Aufbau, Ablauf und Anwendungsmöglichkeiten ; IBM Fachbibliothek

27 MERTENS,P.: Simulation ; Poeschel-Verlag Stuttgart, 1969

28 MÜLLER,K.H.; STRECKER,I.: FORTRAN IV, Programmieranleitung; Bibliographisches Institut Mannheim/Zürich BI-Hochschulskripten Bd.804 1967

29 NAYLOR,T.H. et al.:Computer Simulation Techniques; John Wiley and Sons Inc. New York, 1966

30 NAYLOR,T.H.; WERTZ,K.; WONNACOTT,T.H.: Methods for Analyzing Data from Computer Simulation Experiments ; Comm.ACM,X, No.11,S.703-710, Nov.1967

31 NEOVIUS,G.: Artificial Traffic Trials Using Digital Computers ; Ericsson Technics,11, S.279-291, 1955

32 ORCUTT,G.H.; GREENBERGER,M.; KORBEL,J.; RIVLIN,A.M.: Micro-Analysis of Socio-economic Systems: A Simulation Study ; Harper and Row,Publishers,New York 1961

33 PORTER,J.; SASIENI,M.; MARKS,E.; ACKOFF,R.: The Use of Simulations as a Pedagogical Device; Management Science,Vol.12, No.6, 1966

34 REGIONALES RECHENZENTRUM, UNI STUTTGART: Handbuch für Benutzer der CDC 6600 Großrechenanlage; neu bearb. Mai 1970

35 SIEMENS AG: Fachworter der Datenverarbeitung; Verlag der Siemens AG, 8.Aufl.März 1969 (Taschenbuch)

36 SMITH,J.R.W.; SMITH,J.L.: System Simulation Techniques Plessey Communications Journal,1,S.34-37, 1966

37 TEICHROEW,D.; LUBIN,J.F.: Computer Simulation:Discussion of Techniques and Comparison of Languages; Comm.ACM,Vol.9,No.10, S.723-741, Okt. 1966

38 TOCHER,K.D.: The Art of Simulation; The English Universities Press Ltd. London, 1963

39 TOMKINS; SILVAN; MESSICKS (Eds.): Computer Simulation of Personality ; John Wiley and Sons,Inc.,New York,1963

40 WAGNER,H.: Traffic Simulation According to the Time-true Model (Methods and Results); 4.Int. Teletraffic Congr. London, Doc.52,1964 und Post Office Telecomm.Journ. Special Issue,39, 1964

Literatur über Simulationssprachen

41 BENNETT,R.P. et al. : SIMPAC User's Manual ; System Development Corp. Tech. Memorandum TM-602/000/00, Apr.15,1962

42 BRADDOCK,D.M.; DOWLING,C.R.; ROCHELSON,K.: SIMTRAN-- A Simulation Programming System for the IBM 7030 ; IBM SDD, Poughkeepsie,N.Y.,Juli 1965

43 BUXTON,J.N.; LASKI,J.G.: Control and Simulation Language; The Computer Journal,Vol.5,No.3, S.194-199, Okt.1962

44 BUXTON,J.N.(Ed.): Simulation Programming Languages ; North-Holland Publishing Company, Amsterdam 1968 (weitere Lit.!)

45 CLEMENTSON,A.T.: Extended Control and Simulation Language ; The Computer Journal,Vol.9,No.3, Nov. 1966

46 CONTROL DATA CORPORATION: 6400/6500/6600 Computer Systems, SIMSCRIPT Reference Manual,Rev.A,26.8.1968 (Pub.No. 60178300)

47 DAHL,O.J.:   Discrete Event Simulation
                      Languages ; NATO Summer
                      School, Sept. 1966

48 DAHL,O.J.;   SIMULA-- An ALGOL-Based
   NYGAARD,K.:   Simulation Language;
                      Comm.ACM,Vol.9,Sept.1966

49 DAHL,O.J.;   Some features of the SIMULA
   MYHRHAUG,B.;   67 Language ; Proc. of the
   NYGAARD,K.:   Second Conf. on Applications
                      of Simulation,New York,
                      Dez. 2-4, 1968

50 EFRON,R.;   A General Purpose Digital
   GORDON,G.:   Simulator Description ;
                      IBM Systems Journal Vol.3,
                      No.1,S.22, 1964

51 FREEMAN,D.E.:   Programming Languages Ease
                      Digital Simulation ;
                      Control Engineering,
                      S.103-106a 1964

52 GENERAL ELECTRIC: SIMCOM User's Guide,
                      Information Systems Operation
                      TR-65-2-149010, 1964

53 HILLS,P.R.:   SIMON, A Computer Simulation
                      Language in ALGOL ; NATO
                      Conference, Hamburg 1965

54 HOLT,C.C. et al.: Program SIMULATE, A User's
                      and Programmer's Manual;
                      Social Systems Research
                      Institut, University of
                      Wisconsin, Mai 1964

55 IBM   Simulation Evaluation and
                      Analysis Language (SEAL)
                      System Reference Handbook;
                      17.Jan. 1968

56 IBM   Continuous System Modeling
                      Program (CSMP/360) Applica-
                      tions Descriptions ;
                      IBM Corporation,H20-0240,
                      1967

57 IBM   CSL User's Manual; IBM
                      United Kingdom Ltd.,Data
                      Centre London,1966

58 IBM   General Purpose Simulation
                      System/360, User's Manual,
                      H20-0326-2, 1967

59 IRMSCHER,K.:   SIAM (Siemens Ablauf-Simu-
                      lator) data report 5,H.1,
                      S.24-29, 1970

60 KALINICHENKO,L.A.:SLANG--Computer Description
                      and Simulation-Oriented Ex-
                      perimental Programming
                      Language; IFIP Working Conf.
                      on Simulation Languages,
                      Oslo,1967

61 KARR,H.W.;   SIMSCRIPT I.5 ; Consolidated
   KLEINE,H.;   Analysis Centers Inc.,
   MARKOWITZ,H.M.:   CACI 65-INT-1,Santa Monica,
                      Calif., Juni 1965

62 KELLY,D.H.;   Montecode - An Interpreta-
   BUXTON,J.N.:   tive Program for Monte-Carlo
                      Simulations ; Computer
                      Journal,Vol.5,S.88, 1962

63 KIVIAT,P.J.:   Digital Computer Simulation:
                      Computer Programming Lang-
                      uages ; Rand Corporation
                      Santa Monica,Calif.
                      RM-5883-PR,Jan.1969

64 KIVIAT,P.J.: Simulation Language Report Generators; The Rand Corp. P-3349; Apr. 1966

65 KIVIAT,P.J.; VILLANUEVA,P.J.; MARKOWITZ,H.M.: The SIMSCRIPT (ii)-Programming Language ; The Rand Corp. R-460-PR, Okt. 1968

66 KNUTH,D.C.; McNELEY,J.L.: SOL -- A Symbolic Language for General Purpose System Simulation; IEEE Transactions on Electronic Computers, Aug. 1964

67 KRASNOW,H.S.; MERIKALLIO,R.: The Past,Present and Future of General Simulation Languages; Management Science, Nov. 1964

68 MARKOWITZ,H.M.: Simulating with SIMSCRIPT; Management Science XII, No.10, B 396-405, Juni 1966

69 MARKOWITZ,H.M.; HAUSNER,B.; KARR,H.W.: SIMSCRIPT: A Simulation Programming Language; The Rand Corporation RM-3310, Nov.1962

70 MURPHY,J.G.: A Comparison of the Use of GPSS and SIMSCRIPT Simulation Languages in Designing Communication Networks; Tech,Memo. TN-03969, MITRE Corp. Bedford,Mass.1964

71 McNELEY,J.L.: Simulation Languages; SIMULATION,Vol.9,No.2,Aug.1967

72 PARENTE,R.J.; KRASNOW,H.S.: A Language for Modeling and Simulating Dynamic Systems; Comm.ACM,X,No.9,S.559-567 Sept. 1967

73 PARSLOW,R.D.: AS: An ALGOL Simulation Language ; Simulation Programming Languages, North Holland 1968

74 PETRONE,L.: On a Simulation Language Completely Defined onto the Programming Language PL/1 ; IFIP Working Conf. on Simulation Languages, Oslo,1967

75 PRITSKER,A.A.B.; KIVIAT,P.J.: Simulation with GASP II, A Fortran Based Simulation Language; Prentice Hall Inc. Englewood Cliffs,N.J.,1969

76 PUGH,A.L.III: DYNAMO Users Manual; The M.I.T. Press,Cambridge, Mass., 1963

77 TOCHER,K.D.: Review of Simulation Languages; OR Quarterly,Vol.16, No.2,S.189-217, Juni 1965

78 TOCHER,K.D.; HOPKINS,D.A.: Handbook of General Simulation Program Mark II; United Steel Companies Ltd. Sheffield,England, Report No.18/ORD10/TECH, Juni 1964

79 WEINERT,A.E.: A SIMSCRIPT-FORTRAN Case Study; Comm.ACM,Vol.X,No.12, S.784-792, Dez. 1967

80 WILLIAMS,J.W.J.: ESP, The Elliott Simulation Package ; Computer Journal, Vol.6,No.4,S.328-337, 1964

81 YOUNG,K.: A Users Experience with Three Simulation Languages (GPSS,SIMSCRIPT,SIMPAC) ; Systems Development Corp., Santa Monica,Calif. TM-1755/000/00, 1963

Literatur über Statistik
____

82 COLKER,A. et al.:   The Generation of Random
                       Samples from Common
                       Statistic Distributions;
                       United States Steel Corpo-
                       ration. Appl. Research
                       Lab. Report, 25.17-016(1)
                       Nov. 1962

83 DOWNHAM,D.Y.;   Multiplicative Congruential
   ROBERTS,F.D.K.:   Pseudo-Random Generators;
                       Computer Journal,Vol.10,
                       S.74-77, 1967

84 FISHMAN,G.S.:   Problems in the Statistical
                       Analysis of Simulation
                       Experiments: The Comparison
                       of Means and the Length of
                       Sample Records; Comm.ACM,
                       X,No.2,S.94-99, Feb.1967

85 FISHMAN,G.S.;   The Analysis of Simulation-
   KIVIAT,P.J.:   Generated Time Series;
                       Management Science,Vol.13,
                       No.7,S.525-557,März1967

86 FISHMAN,G.S.;   Digital Computer Simulation:
   KIVIAT,P.J.:   Statistical Considerations;
                       The Rand Corporation,
                       RM-5387-PR,Nov.1967

87 FISZ,M.:   Wahrscheinlichkeitsrechnung
                       und Mathematische Statistik;
                       VEB Deutscher Verlag des
                       Wissens 2.Aufl.1958

88 GNEDENKO,B.W.:   Lehrbuch der Wahrscheinlich-
                       keitsrechnung; Akademie-
                       Verlag Berlin,5.Aufl.1968

89 HAMMERSLEY,J.M.;   Monte Carlo Methods;
   HANDSCOMB,D.C.:   John Wiley and Sons Inc.,
                       New York, 1964

90 JANSSON,B.:   Random Number Generators;
                       Almquist and Wiksell
                       (Victor Pettersons),Stock-
                       holm,1966 (weitere Lit.!)

91 KÜMMERLE,K.:,   Ein Vorschlag zur Berechnung
                       der Vertrauensintervalle bei
                       Verkehrstests; AEÜ 23,H.10,
                       S.507-511, 1969

92 LOTZE,A.:   Über die statistische Sicher-
                       heit von Verkehrsmessungen;
                       NTZ,H.1,S.5-7, 1958

93 MILLER,J.C.P;   Additive Congruential
   PRENTICE,M.J.:   Pseudo-Random Generators;
                       Computer Journal,Vol.II,
                       S.341-346, 1968

94 NEELY,P.M.:   Comparison of Several Algo-
                       rithms for Computation of
                       Means,Standard Deviations
                       and Correlation Coefficients
                       Comm.ACM,IX,No.7,S.496-499
                       Juli 1966

95 RAND CORPORATION: A Million Random Digits with
                       100 000 Normal Deviates;
                       The Free Press,Glencoe,Ill.,
                       1955

96 ROTENBURG,A.:   A new Pseudo-Random Number
                       Generator; Journal of
                       ACM,7,S.55-77, 1960

97 SCHMETTERER,L.:   Einführung in die mathemati-
                       sche Statistik;Springer-Verlag
                       Wien,New York, 2.Aufl. 1966

30. Sachwortverzeichnis

HINWEIS : die wichtigste Seitenzahl ist jeweils unterstrichen

Einführung in die
Programmiersprache FORTRAN IV

Lamprecht, Günther: Einführung in die Programmiersprache FORTRAN IV.
Braunschweig: Vieweg 1970. IV, 196 Seiten. DIN C 5 (uni-text / Skriptum.)
Paperback 9,80 DM

ISBN 3 528 03307 x

Inhalt: Die Darstellung von Zahlen in der Rechenanlage — Ein einführendes Beispiel —
Das Ablochen von Fortran-Programmen — Der Sprungbefehl und der Einlesebefehl —
Das logische IF-Statement — Variablenfelder („Arrays"); Vektoren, Matrizen —
Die DO-Schleife — Genauere Beschreibung der Ein- und Ausgabe — Interne Darstellung
von Zeichen — Initialisieren von Variablenwerten — Variables Format — Das arithmetische
IF-Statement — Unterprogrammtechnik; Funktionsunterprogramme — Unterprogramm-
technik; Subroutinen — Parameterübergabe durch den COMMON-Bereich —
Abschließende Angaben.

In dieser Einführung werden an Hand von Beispielen die wichtigsten Elemente der
Programmiersprache Fortran IV erklärt. Im Selbststudium kann sich der Leser in kurzer
Zeit das Wissen erarbeiten, das zur Benutzung einer Rechenanlage erforderlich ist.

vieweg